企业财务会计与内控制度体系构建

李　玲◎著

吉林出版集团股份有限公司

全国百佳图书出版单位

图书在版编目（CIP）数据

企业财务会计与内控制度体系构建 / 李玲著. -- 长春：吉林出版集团股份有限公司, 2022.3

ISBN 978-7-5731-2140-0

Ⅰ.①企… Ⅱ.①李… Ⅲ.①企业管理—财务会计②企业管理—财务制度—制度建设 Ⅳ.①F275

中国版本图书馆CIP数据核字(2022)第164443号

QIYE CAIWU KUAIJI YU NEIKONG ZHIDU TIXI GOUJIAN

企业财务会计与内控制度体系构建

著　者：李　玲

责任编辑：郭玉婷

封面设计：雅硕图文

版式设计：雅硕图文

出　　版：吉林出版集团股份有限公司

发　　行：吉林出版集团青少年书刊发行有限公司

地　　址：吉林省长春市福祉大路5788号

邮政编码：130118

电　　话：0431-81629808

印　　刷：天津和萱印刷有限公司

版　　次：2023年1月第1版

印　　次：2023年1月第1次印刷

开　　本：710 mm×1000 mm　　1/16

印　　张：10.75

字　　数：200千字

书　　号：ISBN 978-7-5731-2140-0

定　　价：78.00元

内容简介

做好企业财务会计与内控制度体系构建工作不仅有利于企业财务会计准则与内部控制制度的实施，更有利于企业加强财务会计管理，提高内部控制制度工作的质量。本书紧密结合国家有关财经法规，立足于当代企业现状，详细介绍了企业财务会计制度的含义及其原则框架，继而引出企业内控制度体系的设计与构建，而后就企业财产物资内控与核算制度体系的构建、采购与销售业务内控与核算制度体系的构建及企业投资与筹资活动内控与核算制度体系的构建等内容进行了较系统的分析与说明，最后针对企业内控制度体系的监督、评价与创新机制提出总结性建议。

目　　录

第一章　财务与会计的基础工作制度 ………………………………… 1

　　第一节　财务与会计制度的概念、目标及原则 ……………… 1

　　第二节　我国企业财务与会计的规范基本体系发展 ………… 12

　　第三节　财务与会计基础工作管理制度的设计 ……………… 14

第二章　企业财务会计工作组织制度 ………………………………… 25

　　第一节　企业财务会计的认知概述 …………………………… 25

　　第二节　会计要素构成及基本框架 …………………………… 28

　　第三节　企业财务会计规范体系及准则 ……………………… 31

第三章　企业内部控制制度体系设计 ………………………………… 33

　　第一节　内部控制制度的基本原则及思路 …………………… 33

　　第二节　内部控制制度的基本形式及方法 …………………… 38

　　第三节　企业内部控制制度体系的设计层次 ………………… 42

　　第四节　内部控制制度体系的建立 …………………………… 44

第四章　企业内部控制体系的构建 …………………………………… 52

　　第一节　企业内部控制的构建分析——内控制度体系 ……… 52

　　第二节　企业内部控制构建的原则 …………………………… 58

　　第三节　分阶段构建内控体系 ………………………………… 61

　　第四节　内部控制设计流程 …………………………………… 70

　　第五节　企业风险识别方法体系 ……………………………… 73

第五章 企业财产物资内控与核算制度体系的构建················· 81

第一节 货币资金内控与核算制度的构建 ·················· 81

第二节 存货内控与核算制度的构建 ·················· 86

第三节 投资类资产内控与核算制度的构建 ·················· 94

第四节 固定资产类内控与核算制度的构建 ·················· 104

第五节 无形资产类内控与核算制度的构建 ·················· 114

第六章 企业采购与销售业务内控与核算制度体系的构建········· 119

第一节 采购业务内控制度的构建 ·················· 119

第二节 采购业务会计核算系统的构建 ·················· 120

第三节 销售业务内控制度的构建 ·················· 125

第四节 销售业务核算系统的沟通 ·················· 132

第七章 企业投资与筹资活动内控与核算制度体系的构建········· 135

第一节 投资与筹资业务的内控要点认知 ·················· 135

第一节 投资与筹资业务记录模式构建 ·················· 137

第三节 销售业投资与筹资业务处理程序的构建 ·················· 139

第八章 企业内控制度体系的监督、评价与创新··········· 143

第一节 内部监督的组织架构及监督方式 ·················· 143

第二节 内部控制评价体系与档案 ·················· 148

第三节 企业多级性控制系统及价值链管控 ·················· 156

参考文献················· 164

第一章　财务与会计的基础工作制度

第一节　财务与会计制度的概念、目标及原则

一、财务与会计制度的概念

制度是限制和规范人们行为的各种规则。公司是一系列合同的组合，是由所有者、管理者、债权人和其他利益相关者组成的合同组织。由于人的有限理性和经济人的本质，企业在追求经济利益的过程中必须受到各种制度的约束和规范。

（一）财务与会计的关系

财务与会计的关系是财务会计中一个非常重要的理论问题。长期以来，我国财务会计理论界对财务与会计的关系一直存在分歧。有三种典型的观点。

第一，大会计理论。金融是一种经济活动，会计是一种管理活动。会计是管理的主体，财务是管理的主体，财务必须实行会计管理。财务管理实际上是指对金融资产的会计管理，会计管理涉及管理活动的方法和手段，即如何管理；财务管理涉及管理活动的主题，即响应管理需求。大会计理论的核心是将会计定义为会计管理，认为会计的本质是一种管理活动，是经济管理的重要组成部分。它是一种管理活动，通过收集、处理和使用经济信息来组织、控制、调节和指导经济活动，促使人们评估优势和劣势，比较收益和损失，关注经济效益。伟大的会计理论与中国会计理论界会计学科体系的长期做法以及企业财务会计实践相一致。1989年以前，我国财经院校都设立了会计专业，但没有设立财务专业。直到1989年秋天，上海财经大学才最终批准率先试点全国主要金融机构。在企业中，财务会计部门基本从事还款等会计工作，而从事财务会计

的人员又称"会计"。

第二，大财务理论。这种观点认为，财务包括会计。会计只有依靠财务管理才能存在，不能形成独立的"会计管理"。其原因是：财务的本质是活动的主要投入和收益，而会计的本质是价值信息系统；财务为主导，会计为基础。如果会计离开财务管理，其信息将没有来源，服务将失去对象，会计将不复存在。大金融理论的核心是将会计定义为财务管理的有机组成部分，否认会计管理的存在，认为会计的本质是以金融资产为附件的价值信息系统。在财务管理的组织、预测、决策、计划、运作、反映、控制、分析、监督和评价中，会计属于反映、控制、分析和监督。大财政理论是我国政府在计划经济时期处理财政与会计关系的思想和实践，任何财务政策都应该服从和服务于国家的财务政策，任何会计政策都是围绕着财务政策制定的。为适应国家财政体制，公司应设有一名分管财务的副厂长，会计人员有两项职责：一方面代表投资者（国家）负责企业的财务管理，另一方面作为企业的会计人员负责会计工作。

第三，相对独立理论。根据这一观点，财务与会计在理论上是相互独立的，各自有自己的理论体系，由两个不同的学科组成；在会计实务中，金融会计业务是两种不同的活动，应归入不同的行业，相对独立的概念实际上是以西方国家的金融会计理论和实践为基础的。1941年，美国特许会计师学会术语委员会在其会计定义中指出，"会计是一种能够记录、分类和汇总财务性质账户中使用的金额并解释其结果的技术。"一九八二年，英国成本及管理会计师公会提出以下会计定义："以货币计算的实际业务分类及核算，并就这类交易的结果提出及说明，以评估某一期间的业绩或某一日期的财政状况，并就不同的计划选择，以现金形式预测未来的活动。"在财务上，指的是"企业调动和利用资本实现既定目标的活动"。在美国和日本等国家的大企业的财务会计实践中，通常都有首席财务官（FBO）的职位，负责公司的会计和财务管理，拥有最高的财务决策权，是公司财务会计领域的主要决策机构。CFO由一名监督员（Controller）和一名首席财务官（Treasurer）组成。主计长主要承担公司财务会计、成本会计、内部审计、税务会计等与会计程序有关的职能，主计长则负责现金管理、资本预算、财务计划、信贷分析、风险管理、养老金管理等。

我们认为，尽管有相反的观点，但无论是大会计师理论还是大财务理论都有着明显的时间特征，可以追溯到计划经济时期，在高度集中统一的金融体系条件下，我们从不同的角度来描述财务会计理论。会计基本原则反映了计划经济时期会计人员主要从事会计业务的现实，从公共财政部门的角度看，大的财政理论反映了计划经济时期决定财务报告的管理制度。因此，从本质上讲，会计和金融领域的立场大体一致。显然，在我国存在社会主义市场经济体制，以及在加入世贸组织的条件下，无论会计理论还是宏观金融理论都是不全面的。相对独立的理论考虑到使会计与国际惯例相一致的现实必要性，主张借鉴西方国家的做法，但有两个值得商榷的问题：一是金融与会计既涉及经济基础，又涉及上层建筑，研究金融与会计的关系，不能不考虑一个国家经济中普遍存在的民族和中国特色；第二，为占全部企业99%以上的中小企业设立分开的金融和会计机构的可能性和必要性。

我们认为，财务与会计之间的联系，在理论上是独立的，实践上是兼容的。

1. 财务和会计相互独立

（1）两者的功能差异

财务部门的主要职能是预测、决策、规划和控制，重点是资金的组织、使用和管理；会计的主要职能是会计和监督，重点是反映和控制资金流动。

（2）不同的理由

财务管理是以国家有关政策和法律为基础的，根据这些政策和法律，企业经其许可，按照行政管理的意向制定内部财务管理机制，具有独立的财务自主性和决策自主性；会计是以国家实行的统一会计制度为基础的，按照国家统一的会计制度，根据企业的实际情况选择具体的会计原则、会计评价。

（3）不同的管理主体

财务管理旨在为企业提供资金、投资活动和分配；会计管理以企业资本流动产生的信息流为目标。

（4）不同的客户

财务服务主要为商业机构提供；会计服务主要面向企业内外相关会计信息的用户。

（5）两种管理的目标是不同的

财务管理的目标是确保投资者的投资维持在原来的水平，并带来增值；会计管理的目的是及时向会计信息用户提供客观、公正、全面的会计信息。

（6）两者所采用的不同方法

财务管理不那么强制性，管理方法可以灵活多样，可以通过系统的、控制的和信息的方法来实现其目标；会计政策相当严格和固定，主要通过记账、编制会计凭证、保存会计账簿和提交会计报表来履行职能。

（7）不同的任务

财务管理的任务是保证企业正常有效地运行，提高经济效益；会计师的任务是做好会计信息处理，提供真实可靠的信息，遵守和维护相关的财经法规，保护企业财产。

（8）员工能力要求的差异

财务人员需要更高的管理和决策能力；会计人员则要具备会计技能，了解会计准则，并具备良好的职业道德。

2. 财务和会计之间的兼容性

（1）两者均指价值管理

金融和投资活动、交易和分配以及会计报告和会计监督都是以"价值"为基础或利用"价值"来运作的，因此具有"综合潜力"，这也是它们具有兼容性的基础和主要原因。

（2）两个元素的兼容性

财务管理包括成本管理、财务管理、投资管理、营运资金管理、企业盈余分配管理等，这些财务管理要素也必须加以考虑和监测。

（3）信息兼容性

会计信息是按照会计准则、会计原则和会计政策编制的会计数据和有关信息；财务信息是将会计信息进一步处理后获得的经济信息。

（4）两者相辅相成，贯穿整个经营过程

事实上，会计反映的是成本的变动，如果会计管理不健全，财政管理必然缺乏稳固的基础，而财政预测、决策、规划和控制亦会欠缺。财务管理只有依靠会计师提供的可靠的资料，以确保准确监察企业的运作，制定合理的计划，并作出决定。因此，财务与会计是分不开的，会计是财务基础。此外，会计师所提供的资料，无论在内容或质素方面，都必须符合财务管理的要求，否则便会失去价值。

（5）两者之间的兼容性

财务人员只有了解会计情况，才能熟练地分析和运用相关会计信息；会计师必须具备财务知识，了解企业内部财务准则，以便正确处理会计信息。

（6）实用兼容性

在我国，中小企业占企业总数的99%以上，企业在建立财务会计机构和工作岗位时经常发生交叉和兼容，财务总监或总会计师往往既是企业的财务主管又是会计主管。这样的交叉和兼容从实际角度出发也是合理的和必要的。

一般来说，财务和会计业务是两种不同的管理实践。企业财务活动的管理主要通过管理体系进行，采用预测、决策、规划、控制、评价等管理方式。会计主要采用价值形式来反映和监控企业资本流动的全过程，财务会计数据作为价值管理的两种基本形式是密不可分的。会计数据主要用于财务管理，如果没有会计账户中真实可靠的信息和数据，就无法获得会计数据；财务管理的规章制度是会计的基础，没有它，会计就失去了获得可靠信息的先决条件。

3.明确界定财务和会计关系的重要性

（1）促进企业明确财务会计责任

提高企业财务管理效率，实现资金平衡高效流动，是衡量企业财务管理质量的重要指标，企业管理的重点是财务管理，必须以资金管理为导向。这意味着，企业只有围绕资本流动主线建立金融运行机制，才能真正实现财务管理的强化。

但长期以来，通过大会计理论和大财务理论，我国企业的财务会计不仅在组织上，还在职责分工上。在实践中，财务管理任务往往更加灵活，程序和时间安排也更加灵活，而会计任务更加严格，程序和时间安排也更加严格和规范。因此，一体化的财务会计管理体系自动产生"硬"会计核算，从而产生了我国企业重会计、轻财务管理的局面。

在计划经济时期，企业财务管理的主要任务是按照国家财政机关批准的限额和规定的渠道取得资金，并将资金用于指定用途。因此，财务管理成为会计的辅助功能也是顺理成章的。但是，在市场经济条件下，企业必须自主筹集和使用资金，对其进行财务活动的管理，是企业管理的核心，它不再是一种辅助功能，而是一种重要的管理活动，与会计密切相关并履行不同职能。筹集资金、合理配置和有效利用资金、经营风险管理已成为企业财务管理的关键内容。因此，根据其在财务会计领域的职能，大企业设立了独立的财务管理机构，中小企业设立了专门的财务管理岗位，这不仅是公司治理的中心要求，也符合社会主义市场经济体制的实际需要。

（2）推动深化会计改革和会计职能社会化

自《企业会计准则》和10个行业的财务制度、13个行业的会计制度（以下简称"两制"）实施以来，国家制定了一系列会计法规，特别是一系列新的标准和制度。在中国香港举行的第十六届世界会计师大会上，朱镕基同志致辞时严肃地对代表说："我不喜欢这个话题，但我曾亲自到中国北京、上海、厦门三个国家会计院学习——'不做假账'，只要说国家领导人对加强中国会计法的决心有多大就够了。"

但现实情况是：从政府机关到国有企业，从上市公司到民营商户，会计违规行为不断发生，屡禁不止，出现"火上浇油、风吹火旺"的倾向。究其原因，除了人们法律意识淡薄、违规违纪成本低外，财务与会计也存在理论与实践上的分离，只有使企业会计人员主要从事财务管理与会计工作，吸引企业特别是中小企业的具备社会会计资质会计专业人员，并通过建立企业会计社会化运行机制，才能防止企业会计账户出现被篡改的可能性。

（3）财务会计原则与实践的密切联系

财经学校要合理地按财务会计相关学科和教学计划分配资金。会计教学内容不能异质化，目前只有"会计系统开发"课程而不是"财务系统开发"课程的现状需要改变，因为这将导致我国会计实务金融体系严重缺乏合格的专业人才。同时，要注意"管理会计"课程的中文化。管理会计是财务管理与会计相结合的结果，其中"决策与计划会计""绩效会计"等要素没有体现财务与会计的相容性。20世纪80年代我国从西方引进的这些课程，虽然促进了企业财务与会计的有机结合，但中国在转型过程中也存在薄弱环节。此外，还要充分考虑我国企业的实际，将我国企业几十年来运行的"内部经济核算""内部银行核算""分散管理"等管理方式纳入管理会计体系，建立的"管理会计"不仅符合我国国情，还与企业息息相关。

（4）对制定财务和会计制度的重大影响

长期以来，我国企业实行的会计制度由国有金融部门统一实施，国家实行的会计制度基本涵盖了企业90%以上的会计业务，因此在企业金融家的眼里，没有必要设计会计系统。同时，由于缺乏明确的财务会计界限，企业的财务制度没有得到适当的发展。第一，企业在明确财务会计关系后，应明确财务会计制度是不同的，财务与会计制度是不可互换的；第二，金融和会计业务实际上是相容的，在强调必须明确区分管理和会计制度的同时，必须以实质性原则为基础，而不是以形式原则为基础，因为形式原则不排除某些财务和会计制度之间的联系。

（二）财务制度与会计制度

1.财务制度的概念

金融体系的覆盖面既广又窄。较广的金融体系意味着国家权力，是国家机关以及机关、企业（组织）为规范机关、企业（组织）的金融行为，规范各方的金融关系而制定的法律、法规、标准、规章和办法。较窄的财务制度又称公司财务制度，是指企业行政部门为组织企业财务活动、规范财务业务、规范和协调企业内外财务关系而制定的具体规则、程序和办法。企业生产活动过程中的融资、投资和分配活动一般称为金融活动。集资活动是金融活动的起点，投资活动是集资活动的目标和方向。在金融活动过程中形成的企业与相关利益主体之间的金融关系和利益称为金融关系。企业财务关系主要包括企业与其出资人的财务关系、企业与债权人的财务关系、企业与国家的财务关系、企业与客户的财务关系，企业不同部门之间的财务关系和企业与雇员之间的财务关系。企业财务活动的组织、财务关系管理的具体概念和方法称为财务活动。

在计划经济时期，我国实行了企业集中财政制度。根据国家统一的企业财务管理制度，财务活动除其他外包括编制财务需求计划，根据生产活动计划申请融资或贷款；在生产经营过程中，安排每天的资金收支。在一定时期内完成生产活动后，按照国家规定，筹措各种资金，并分配利润提成或者赔偿损失。

2. 会计制度的概念

会计制度的特点是涵盖广、范围窄.广义上的会计制度是指政府机关、国家机关以及机构、企业（组织）对会计业务进行规范所用的法律、法规、标准、规章和方法的总称。狭义的会计制度也被称为企业内部，其中部门会计制度是企业行政部门为企业会计工作制定的具体规范。

3. 财务制度与会计制度的关系

与财务会计制度一样，财务制度和会计制度既独立又兼容。

（1）财务和会计制度的相互依存性

两者规范对象的不同。财务制度规范涉及企业的财务活动，即在企业生产活动过程中与资金筹集、资金使用和利润分配有关的活动。例如，一家企业把钱投资在咖啡上，投资多少；在何处及如何安排拨款；利润应该如何分配，投资者应该分配多少，企业发展将使用多少；等等。会计制度规范企业的会计活动，即企业的汇总、分类、核算、监督、报告等。

这两种情况设置的起点是不同的。制定金融体系的出发点是确定所有者与经营者之间的金融关系，以及规范经营者的金融业务。制定会计制度的出发点是统一企业会计政策和标准，建立和维护适当的市场经济秩序。

两者创造者的不同。由于企业的所有权属于投资者，金融系统的开发者主要是投资者，因为只有投资者才有权在国家法律允许的范围内，最终确定企业资金将如何筹集。会计系统的主要开发者是政府当局，因为只有他们才能开发出一套综合的会计系统，使所有企业都能按照统一的会计方法和标准来处理会计信息，从而使会计信息成为"商业语言"。

两者的任务不同。财务制度由企业各部门及其员工和财务相关人员执行，因此具有公开、易懂、实用的特点。会计制度以严谨和专业著称。

两者的目标不同。金融体系的目标是最大限度地提高股票和企业的价值。会计制度的目的是保证会计信息的真实性、完整性、及时性、相关性和统一性。

两个任务是不同的。金融系统主要涉及资金管理，会计系统主要涉及账簿。换言之，金融体系解决如何投资、如何处置和如何赚钱的问题；会计制度处理的问题是在资金投入后会产生哪些账户（负债或权利），哪些后续资产具有相同的价值以及它们带来了多少收益。

（2）财务和会计制度的相互兼容性

这两条规则的内容是相容的。金融系统包括支出制度、融资制度、投资制度、周转金制度、企业盈余分配制度等。会计制度还包括规范管理与规范会计的区别。

这些规范与对象是相容的。虽然金融系统和会计系统分别规范金融活动和信息流，但金融活动和信息流源于同一实体——企业生产活动过程中的资本流动。

总的来说，在实践中很难将金融系统和会计系统分开。财务活动应当根据会计人员提供的信息进行规范，会计人员需要有健全的财务制度来规范企业的财务业务，保证会计信息的真实性。金融和会计制度的主要区别在于，为确保金融活动的合法性、监管性和有效性而建立的管理制度是金融制度；为保证会计信息的完整性、及时性和准确性而建立的管理系统是会计系统。它们之间可能有一个小的交叉点，但每一项都必须有针对性。

二、财务与会计制度设计的目标

（一）财务和会计制度的目标设计

财务制度的目的，是提供一个合理而有效的运作机制，管理企业的财务活动。会计制度的目的是确保及时提供高质量的会计信息，有效实现企业会计目标和企业内部会计控制。

企业的财务管理活动以企业的财务资本为基础，通过投资、融资、利润分配等方式保证其财务资本的保值增值。企业财务管理过程中产生了一系列的财务关系，如股东与管理者、股东与债权人的关系，因为这些主体利益的不协调会导致各种问题出现，从而可能影响企业的可持续发展，因此企业应通过制定财务制度来规范财务关系人的权利和义务，以保证企业财务活动的顺利进行。

财务会计信息反映企业财务结果，通过提供相关可靠的信息为相关人员提供决策依据，其质量和绩效对决策者的决策至关重要。建立有效的财务会计制度，规范企业财务会计信息的形成、处理和披露，是企业存在和发展的必要条件。

（二）财务和会计制度的发展方式

财务会计制度用于规范企业的财务会计业务，其最终目的是促进企业的发展壮大，因此在制定财务会计制度时，必须考虑每个企业的实际情况，使之适应企业发展的需要。财务会计制度的设计是为了反映影响企业财务会计制度发展的各种因素，或者企业在制定财务会计制度时必须考虑的外部因素。企业会计财务制度的设计可以分为宏观经济环境和微观经济环境。宏观经济环境包括政治、经济和法律环境；微观经济环境包括企业的性质、经营范围、规模、经营特点等。

三、财务与会计制度设计的原则

（一）财务与会计制度设计的原则

1. 合法性

合法性原则要求单位在制订制度时，要以国家制定的金融经济规则为依据，在不违反国家规定的一系列金融经济制度的前提下，满足宏观调控的要求。制订的内部会计制度，要与会计规则、会计准则、财务原则等相统一。

2. 效益性

效率是指单位在设计系统时，必须把提高经济效益作为首要任务。首先，必须尽量节省设计费用，才可以自行设计，无须聘请顾问；其次，必须充分考虑制度运作的经济实质。

3. 针对性

制定的制度必须适应其生产规模、特点和管理要求，以确保财务会计的有序性和一致性。在实践中，不同的单位在性质、行业、所有权、规模、组织形式、内部管理制度和要求等方面有很大的不同。

4. 控制性

控制性是指单位在设计系统时，必须采用内部控制系统，防止欺诈，保护单位财产。内部控制系统是在各单位内部建立的一套相互关联的管理系统，目的是进行有效的管理，提高工作人员的工作责任意识，保护财产的完整性，确保正确可靠的会计记录和分工，处理交易，文件和程序的处理。

5. 科学性

科学性是指要求各单位在平衡、不与其他制度相抵触的情况下，整体设计系统，做到口径一致、优势互补，确保各单位内部控制系统的一致性。组织制订的制度既要有利于提高会计工作质量，又要便于实施；既要符合理论，也要符合实践。

（二）财务与会计制度设计的程序

财务会计系统是作为一个综合系统项目开发的，主要包括以下几个阶段。

1. 准备阶段：确定结构类型并制定设计方案

财务和会计系统的设计使其内容可以分为两类：一般系统设计和局部系统设计。综合系统旨在开发适合整个企业的财务和会计系统，包括机构结构、会计编制、内部控制系统开发等要素。局部系统设计是指为某些经济业务开发会计或财务管理系统。确定结构类型后，需要有针对性地制订方案，确定设计方案、项目内容、分工等。

2. 调查分析阶段

在制订计划前，应结合财务会计核算体系的范围和内容，并根据设计中的经济管理要求，对企业管理相关的商业活动进行充分的研究分析。企业应当调查生产活动的主要特点、管理制度的现状和实施情况、经营活动的秩序和方式、行业设计要求、现行监管要求等。

3. 具体设计阶段的实施

在调查研究的基础上，根据项目内容和原则精心设计。具体工作流程一般可分为开发流程、逐条设计流程、全面综合调整流程、广泛咨询流程和组织方案建议流程。

4. 试验和修订阶段

在完成财务会计系统的初步设计后，必须在一段时间内进行试运行，然后对其进行修改，使其更加完善。

第二节　我国企业财务与会计的规范基本体系发展

财务会计准则体系是法律、行政法规、规章等的有机集合。

一、我国企业财务规范基本体系

（一）企业财务的一般原则

中华人民共和国财政部制定并经国务院批准的企业财务一般原则，以财政部部长令的形式颁布，受行业规范性法规的约束。企业财务活动原则是中华人民共和国所有国有控股法人在开展财务活动时必须遵守的基本原则和规范，是金融体系中最基本的金融规则，在金融体系中起着主导作用。企业融资原则也是行业金融体系和企业融资体系发展的核心。企业融资原则，其中包括企业财务管理制度、集资、资产交易、成本控制、收入分配、重组、信息管理、财务监管等。建立行业金融体系和企业金融体系，确保金融体系具有系统性、科学性、整体性和逻辑性是十分重要的。

（二）行业财务制度

中华人民共和国财政部根据行业特点和行业管理要求制定的行业财务制度，是以符合企业财务经营的原则为基础的，其内容在企业财务条例中作了进一步的具体规定。目前，我国产业金融体系包括产业、商品流通、交通、通信、金融、旅游餐饮、农业、对外经济合作、房地产建设发展、影视出版10个行业的金融体系。行业金融制度是金融原则与各行业金融活动特点相结合的结果，在金融制度的总体体系中起着主导作用，是企业开展金融活动应遵循的具体规定。目前，我行业的财务制度由财政部制订，有利于与企业财务规则的协调。

（三）企业内部财务制度

企业内部财务制度是企业行政部门根据企业财务原则和行业财务制度，结合企业生产活动特点和管理需要制定的一项自主规范。

二、我国企业会计规范基本体系

随着《会计法》和《企业会计准则》，以及13个行业会计制度的实施，我国会计制度发生了重大变化。目前，根据《会计法》制定的企业会计制度正逐步融入国际体系，并辅以企业内部会计制度，以企业会计准则、工作场所会计准则为依据，统一企业会计制度、金融企业会计制度、工作场所会计制度和小企业会计准则。我国企业会计监管的主要制度可分为以下几个层次。

（一）会计法

全国人民代表大会常务委员会颁布的《会计法》是会计制度的最高规范性法律，是制定会计准则和其他会计规则的依据，是会计管理和会计监督的最高标准，是会计机构和会计师的管理制度。《会计法》于1985年通过，1993年和1999年分别进行了两次修订。

（二）会计管理

国务院制定并批准的会计行政法规，特别是《企业财务报告条例》（《企业财务报告条例》）、《总会计师条例》（《会计师工作程序条例》）和《专业会计业务试行条例》，明确了《会计法》中关于财务报告的规定。

（三）财政部和其他部委共同制定的会计条例

这些规则可分为若干标准和制度。会计准则系列主要包括企业会计准则、生产单位会计准则、小企业会计准则；会计制度系列主要包括统一企业会计制度、金融企业会计制度、行政单位会计制度、经济单位会计制度、非营利组织会计制度、工业企业会计制度和工业企业会计制度；企业会计准则包括基本会计准则和具体会计准则。1993年，我国首次实行基本会计准则，随后又实施和修订了一系列具体准则。2006年，我国会计准则全面与国际接轨，财政部发布了新的企业基本会计准则和38项具体会计准则。自2014年3月起，财政部实施了《企业会计准则第41条——其他主体权益披露法》，此后，中国企业会计准则形成了以基本会计准则、41项具体会计准则、会计准则实施指南、会计准则解释为依据的体系。现行的企业统一会计制度由财政部于2000年12月29日实行，2001年1月1日起在股份公司暂时实行。1993年，财政部在13个行业实行了企业会计制度。会计制度和会计准则在会计实践中的同步发展，随着我国会计改革开放进程的不断推进，最终实现了从企业统一会计准则到企业会计准则的转变。

会计准则和会计制度之间存在着一定的差异和联系。《国际会计准则》是对个别业务或项目（业务或业务）或特定报告项目的详细分析，界定所使用的概念，然后侧重于承认和量化以及平衡披露各种会计事项，可能与某一行动或项目有关的问题。以特定部门、特定行业企业或所有企业为中心的会计制度，详细规定了会计处理程序、使用程序以及会计报表的编制格式。企业会计准则和会计制度以《会计法》和企业基本会计准则为依据，对会计要素的确认、计量、披露或者报告等标准做了规定，由财政部制定实施的具有同等法律效力的同级行业行政法规。

（四）地方人民代表大会或者政府制定的会计规则

地方人民群众或者政府也可以根据具体情况和需要制定区域会计规则或者规章。

（五）内部单位会计制度

与内部财务制度一样，内部单位会计制度是由每个企业或其他企业的管理部门或会计部门按照上述各级会计准则制定的一个单独的、独立的制度，根据自身生产的特点和管理需要，并作为各单位会计核算的依据，补充整个会计准则体系。

第三节 财务与会计基础工作管理制度的设计

财务会计工作是为财务管理和会计工作提供必要信息和条件的所有主要工作的总览，主要包括初步报告、定额管理、价格管理、物资管理、财产清查、计量验收等基本工作，什么是保证财务和会计工作的必要条件。基础工作薄弱，财务会计工作的改进是空话，可能影响企业管理目标的实现。因此，企业应将财务会计工作管理制度纳入财务会计制度体系。

一、物资管理制度的设计

物资管理是对企业生产的材料、产品的系统采购、保管和使用以及成品的保管、寄送和清点的所有管理工作的总述。按照物资管理法，运用科学的管理方法，规划、组织、协调、核算、监督和控制企业的实施和实施活动，以及通过降低材料成本和满足生产活动的需要来提高劳动效率和经济效益。

物质资源管理制度是企业最重要、最根本的管理制度。完善物资管理，对于保证公司生产活动的成功，合理安排物资流动，加快资金周转，节约物资，降低产品成本，提高经济效益，具有十分重要的意义。

二、财产清查制度的设计

为了加强财务管理，确保企业资产的安全性和完整性，并使价值管理与实体管理账户相一致，有必要建立财产清查制度。

（一）库存的内容和类型

财产清查是一种专门的方法，通过财产清查和核实，确定财产、现金、债权、负债和他人持有的金额是否一致。财产清查按清查范围和时间表分为四种。

1. 全面清查

这意味着对企业的全部财产进行全面盘点和检查。企业必须在下列情况下进行全面盘点。

（1）在编制年终财务账目前，进行全面盘点，以确保该年度的财务结果完整准确。

（2）对企业重组、撤销、合并或者变更隶属关系时进行全面清查，以确定经济责任。

（3）对财产进行清查，进行全面清查，摸清家庭状况，准确审批资金。

2. 局部清查

这意味着对部分财产进行必要的清点，如单独清点现金、固定资产清点、债权、债务注销等。

3. 定期清查

这是指通常根据年度、季度或月份进行的初步财产清查。

4. 不定期清查

这不是时间盘点，而是按实际需要临时盘点。在下列情况下进行定期盘存：

（1）更换财产、物资、现金保管员时，应当进行财产清点，以确定经济责任的程度。

（2）在发生紧急情况和意外损失时清点财产，以查明损失。

（3）国家主管部门依法对企业财产进行清查，确定其状况。

（4）社会中介机构通过进行财产清查，核实会计数据的准确性，对企业账户进行核实和评估。

（二）货币资金盘存项目

货币资金盘存包括现金和证券、银行存款和其他现金的盘存。

1. 库存现金及证券清盘

库存现金及有价证券的清盘工作由库务署负责，库务署会透过实地清盘，确定存仓的现金及有价证券的实际金额，以及核对现金及有价证券的结余，以确定损益。现金和证券的清点通常由财政部部长、财政司司长或总会计师在出纳员在场的情况下进行。清盘完成后，根据清盘结果编制现金证券盘存表。

库存现金盘点：一是出纳员负责日常盘点；第二，财政司进行不定期的清盘工作，通常每月进行一次。

2. 银行存款核算

银行存款的清点工作由财政部负责，并通过与开户银行核对账目进行。在将账目与银行报表核对前，应仔细检查该单位所存银行存款的正确性和完整性，然后根据银行对账的方式逐一核对，然后编制银行结余核对表。

银行对账按月进行，必须在15日前完成，每季与银行个人对账。

3. 其他货币清查

财务部门负责清点外币存款、银行汇票存款、无记名存款、信用卡存款、存款及其他现金。

银行进行核对，然后编制其他货币的核对表。

（三）债权和债务清查

债权和债务清查工作由财务和业务部门共同进行，一般来说，财务和业务部门每年必须进行一至两次全面核对。如债权、债务过多或长时间未入账，需设立专门的债务清算单位，防止出现坏账和坏账。

①负责"应收账款""应付账款""其他应收账款""其他应收账款""其他应收账款"等经常项目账目的会计师，必须将其对调节账目的债权及负债记录在案。

②销售部门的销售人员应当设立产品出货、退货、结账的结算账户，对产品的每一次出货、退款进行登记，每月与公司的财务、供应、仓储等部门核对账目。

③物资采购部门工作人员应当设立购货、付款、结账账户，记录购货、付款、结存情况，每月与公司财务、仓库等财务部门和销售单位核对账目。

④财产清查应当在数量和质量两方面进行，并根据财产的实物形态、数量、质量和堆放情况采用不同的清查方法。实物数量盘点通常从两个方面进行：实地盘点和技术清查，即清查、清点。技术清点法应用于储存的大量材料（如煤、矿石等）进行清查，很难单独清点或测量。

⑤为了充分反映企业在一个会计年度的财务状况、经营成果和现金流量，确保财务会计报告数据的真实性、准确性和完整性，公司在进行年度会计决算前，必须进行全面的财产清查。

1. 库存截止日期

各类财产和材料以每年11月30日的账面编号和实际库存编号为准。所有提前或延迟至库存时间点的数据应根据11月30日的数据进行四舍五入。在编制年度会计报表时，您只需调整12月份的金额即可获得年度库存数据。

2. 清查盘点的范围和分工

（1）固定资产

财务部负责固定资产清查的组织领导。

制造部负责公司生产和非生产机械设备的库存。

储运部负责公司车辆的清点。

行政科负责清点公司的房屋和建筑物。

各职能部室、固定资产管理使用部门密切配合。

（2）流动资产

财务部负责流动资产清查的组织领导，负责财务部与各仓库、分厂之间的账务核对，以及债权、债务、银行存款、库存现金、有价证券的清查核实。

储运部负责仓库物资的盘点，包括成品、原材料、辅助材料、外购件、备品备件、包装材料、燃料、工程材料、仓库低值易耗品等。

各分公司负责库存在制品。

制造部负责生产用低值易耗品的库存。

行政科负责非生产用低值易耗品的库存。

所有子公司和分支机构负责各自管辖范围内的财产和材料的库存。

（3）在建工程

基本建设部负责对其管辖范围内的在建工程进行检查。对已完成的项目进行记录，对已完成的项目进行决算，并向财务部报告增资情况。

3. 盘点的具体步骤和要求

（1）登记并核对所有账户

财产盘点前，财务部应完成相关账目并结清账面余额，并及时与仓库等部门核对账面数字，确保在12月10日前核对完截至1月30日的所有账目，以确保账簿和记录完整，计算正确，账目一致，账证一致，为财产清查提供准确可靠的账面记录依据。

（2）物料入库登记与分拣

物资管理部门和仓储人员应及时办理截至盘点日的各项经济业务的入库、入库手续，并登记入帐，结清余额。对保管的各类财物、材料进行整理、整齐排列、标识，并标明品种、规格、结存数量，以备盘点。

（3）准备库存工具和清单

财务部、物资管理部应准备盘点所需的计量器具和各种台账。

4.组织领导

（1）财产盘点小组成员

为确保年终财产盘点工作的顺利进行，企业应成立财产清查领导小组，总经理为组长，财务总监、财务部长为副组长，成员由财务、生产、仓储、基础设施、行政、销售等部门负责人组成。

（2）常设工作机构

财务部设立财产清查常设工作机构，具体负责组织协调企业财产清查工作。

三、定额管理制度的设计

定额是指在生产技术和生产组织的一定条件下，在适当考虑人的主观动态的情况下，对人力、物力和财力资源的消费和使用，实行数量和数量的限制性标准。规范管理是企业规范制定、实施、修订等一系列管理活动的共同特征，有利于加强财务管理，提高企业管理水平，确保生产活动科学有序。

（一）定额管理职责的分类与分配

1.定额分类

（1）材料定额

材料定额是指与材料消耗或占用有关的标准，如材料消耗标准、工具生产标准、材料库存标准等。

（2）劳动定额

劳动定额是指与人力资源的消耗或占用有关的规范，如人员数量标准、劳动生产率标准、工时标准、工资标准、工资标准等。

（3）生产和设备定额

设备生产定额是指有关生产能力和设备使用或占用的规范，如生产规范、设备使用规范、生产能力使用规范、工时规范等。

（4）资本定额

资金定额是指与占用营运资金有关的数额，如公积金数额、生产资金数额、制成品生产资金数额、资金数额等。

（5）成本定额

成本定额是指生产、管理、营销等方面的成本标准。

2. 定额规管制度的负责部门

（1）物资定额

材料定额由生产部、建设部、财政部、分支机构等制定。

（2）劳动定额

劳动定额由人力资源部、机械制造部、财政部、建设部和分支机构制定。

（3）生产和设备定额

生产和设备标准定额由机械制造部、建设部、财政部和各分公司制定。

（4）财务定额

财务条例由财政部、工程部、采购部、销售部和分支机构负责。

（5）费用定额

费用定额由财政部、有关部门和部门制定。

3. 部门在规管定额方面的责任

（1）主管部门

主管机关负责制定、修订和批准其负责的规范。

（2）有关部门

有关部门负责与主管部门积极合作，完善配额管理，并对相关配额等进行审核批准。D。

4. 定额管理要求

（1）定额的设定必须全面、快捷及标准

"全面"是一个范围要求，要求在供应、生产、销售等各方面，凡要求定额的，都要对人员、财产、财产等作出规范。

"快捷"是时间的要求，在新产品投入使用时，产品开发部门应立即将新产品的技术消耗情况交给生产部，以便及时批准新产品的消耗定额。

"标准"是质量要求，要求配给水平足够高、合理，在已经达到的实际水平基础上提高配给水平，在正常的生产技术组织条件下，职工经过努力才有机会达到配额水平。

5.定额必须严格执行、实施、考核

（1）定额确定后，必须严格执行，作为规范、限制供应、生产、销售、科研、管理和一系列经营活动的依据，并对制裁执行情况进行检查核实。只有这样，才能在企业管理中发挥重要作用。

（2）生产部应向分公司发出生产作业通知，并附上材料消耗标准表。

（3）每个分支机构必须根据物料消耗定额表从仓库接收物料。

（4）材料衡算组和仓库保管员应严格控制材料消耗标准文件的发运。

（5）最后，要严格要求对各项规范的执行情况进行核算、检查、核实和分析，并以经济责任制、计件工资制等形式，将实施结果与部门和个人的物质利益挂钩，以促进其执行。

6.定额的修订必须及时合理

定额标准客观地反映了特定条件下技术和管理生产的水平。因此，为了保持科学、先进和合理的规范，必须根据生产的发展、技术的进步、工人的技能、管理水平和劳动生产率的提高及时加以修订。一般来说，企业可以结合年度预算编制或财产清查工作，每年对规范进行审查和修订。

（二）制定和修订定额的程序和权力

1.物资定额

材料定额由建设部、建设部、国库、分公司等制定.

2.劳动定额

人力资源部负责项目准备工作，机械部、财政部、建设部、分公司等。

3.生产和设备定额

生产和设备标准由工业部、财政部、分支机构等制定。

4.财务定额

财务规范由财政部制定，机械部、采购部、销售部、分公司等部门审核签署，总经理批准。

5.费用定额

财政部、企业部、人力资源部、建设部、制造业部、分支机构等负责制定成本标准草案。

四、财务与会计档案制度的设计

为加强会计档案管理，按照财政部、国家档案局制定的会计档案管理原则，确保会计档案的保存、完整、及时归档和定期销毁，会计机关应当结合企业实际工作，制定财务会计档案管理制度。

已记录的范围和管理

1. 会计档案：会计档案是专门的会计材料，如会计凭证、会计账簿、财务会计报告等。

2. 会计档案管理：会计档案由各级档案馆、财务处和财务处管理。各级档案和财政部门应当确保会计档案的保管工作是专门进行的或者部分进行的。在该年度结束时，财务处将记录该年度的会计记录，并将其提交联合档案。它负责保存、查阅、使用和销毁会计档案，并迅速管理金融部门的会计档案。如公司暂时未有共用档案，则会计档案会由一名特别财务主任监管。出纳员不能同时保存会计档案。

（二）记录的保存和归档

1. 保存和处理记录

会计档案由会计人员编制。每个月底，财务部门应当保证及时编制各种会计凭证和会计报表；年底，财政部要及时编制和更新各种账簿。

各种会计档案的整理和整理要求如下。

（1）会计凭证。所有会计凭证必须按年表顺序和凭证编号进行整理，会计凭证的厚度应在2厘米左右，封面应贴上所需资料，并在背面加盖印章，注明单据的日期、种类和序号。

（2）账簿。应划掉空白页和封面，交织线费，然后对页进行编号，贴上封面，对标签进行分类，并清楚标明。

（3）财务报告。各类会计报表应当全部编制，封面应当按照规定的顺序填写和关闭。

（4）工资等级。要每月编一本书，做到不漏一页，不重一页，印刷完整。

（5）计算机存储的会计信息，应当打印输出到纸质会计档案，光盘等载体应定期复制和更换以确保其安全。

2. 会计档案的保存

今年编制的会计文件，原则上由财政司保管两年。财政服务期满后，便会备存一份登记册，交予存档。档案会如期审核验收，不回避、不拒绝。

（1）档案室接收档案室保存的会计文件，必须以密封形式存放于原卷内，并在个别情况下，以装订方式与财政司及原营运者一并存放，以分担责任。

（2）财政部门和档案馆应当对会计档案进行科学管理，确保其妥善保管，有序保管，便于检索。要严格执行安全保密制度，防止随意存储，严格防止信息损坏、分散和泄露。

（3）单位会计凭证的合并、注销，原则上负责接收、保管合并单位，并在转让登记册上登记转让人。

（三）查阅和使用记录

原则上，不同的会计记录只对金融业会计师开放，他们可以查阅档案记录，并可查阅注册程序。

企业其他部门或者外单位的工作人员应当查阅、借阅会计凭证，应当取得财务主管的批准，登记后，会计档案室应当与所有获准查阅会计档案的人员协调，严格执行有关保密制度，查阅存储地的会计档案，严禁绘制、打印或复制会计档案，未经管理部门许可，严禁复制、借阅。所有经办事处负责人授权借阅的会计文件，必须详细说明查阅档案的名称、查阅日期、查阅人员的姓名和部门或单位、查阅理由和归还日期。

会计凭证不得从境内移出，在境内境外设立的企业的会计凭证受本制度和国家有关规定的制约。

（四）会计档案保存期限

会计凭证的保存期限从会计年度结束后的第一天开始。会计凭证根据其特点分为三年、五年、十年、十五年、二十五年和五年的固定和定期保管期。会计记录的保存期限可以根据实际需要适当延长。

（五）会计档案销毁

会计档案保管期满，必要时，档案馆会同金融机构提出销毁意见，共同核实、认真核查，编制销毁登记档案，须经公司财务主管和总经理同意销毁并经董事会审查和签署的。销毁会计档案时，应当由档案馆和金融服务机构共同出资。在销毁会计档案前，审计人员应当按照会计档案进行彻底清查，销毁后签字销毁，并向财务主任和总经理报告。已过期但尚未解决的债权、债务文件原件和涉及其他未决问题的原始文件不应销毁，应单独保管，直至剩余问题得到解决。

第二章　企业财务会计工作组织制度

第一节　企业财务会计的认知概述

一、企业财务会计的概念

工作、生活离不开企业的计量、记录，企业的生存和发展需要更多的经济核算和会计监督。会计工作的一个重要组成部分就是通过货币会计和采用特殊方法控制经济活动。

现代企业会计可分为财务会计和管理会计两大分支。企业会计是一种信息处理系统，允许会计信息的用户获取企业财务状况、经营成果和现金流量等信息。其中，财务报告是现代商业活动的重要基础，企业提交财务报告，帮助财务信息用户做出经济决策，为市场经济的健康有序发展提供服务。管理会计是服务于企业内部管理，以改善企业管理、提高经济效益的信息系统，主要为企业管理人员提供战略、战术、日常业务和决策等服务。运用管理会计预测分析、决策分析、预算管理、成本控制、责任会计等方法和工具，对企业的财务状况和财务状况进行分析，在企业发展过程中非常明显。

二、企业财务会计的目标

企业财务报告的目标是为财务报告的用户提供有关企业财务状况、经营成果和现金流量的相关会计信息，反映企业管理层赋予的职责履行情况，并帮助财务报表用户做出经济决策。

财务报表的用户包括企业信息的外部用户和企业信息的内部用户。企业信息的外部用户主要是投资者、贷款人、政府及其相关部门（税务机关、证券监管机构）。企业内部信息的用户主要包括企业负责人、企业员工和工会组织。

现代企业的典型典型特征是其所有权与经营权分离，企业所有权属于全体股东，股东拥有相应的股权；经营权属于企业管理层，由其成员负责管理。企业主只有根据向其提交的财务报表，才能知道和评估企业管理层赋予其职责的履行情况。

三、企业财务会计的特点

与管理账目相比，财务会计主要有以下特点。

①主要客户：财务会计主要为企业外部利益相关者提供会计核算。

②报送时间：财务会计主要收集包括企业过去和现在经济活动及其结果的会计信息。

③报告周期：财务会计定期反映整个企业的财务状况、经营业绩和现金流量。

④遵守的规定：财务会计由国家统一的财务和经济立法管理，并按照最终确保财务报告的既定程序和特殊方法进行。

四、企业财务会计的主要内容

企业财务会计的主要内容是确认、计量和编制会计要素的财务报表。

（一）会计确认

会计是企业的业务被真实记录并作为资产、负债、收入和支出列入财务报表的过程。从会计信息处理过程可知，会计确认既包括初始确认，也包括重复确认。

最初的确认是交易或交易的正式会计记录行为，由此产生的问题是，在企业进行的交易是否必须在账簿中记录，在何时以及通过何种会计要素进行记录。

重申的主要目的是编制财务报告。财务报表是根据账簿提供的资料编制的，并重新入账。

（二）会计计量

会计核算的目的是确定财务报表中应记录和反映的数额。会计是确定金额的基础，主要包括历史价值、重置价值、可变现净值、现值和公允价值。

1.历史成本

历史成本又称实际成本，是指在购置或制造财产时实际支付的现金或其他等价物。

2.重置成本

重置成本又称现值成本，是指根据当前市场条件，为重新购买同一资产而必须支付的现金或现金等价物的金额。重置成本主要用于衡量资本资产。

3.可变现净值

可变现净值是指在生产正常运行过程中，销售价格按预测减去未来开发成本和未来销售成本以及相关税金。可变现净值通常适用于存货资产价值减少的事后计量。

4.现值

现值意味着未来现金流的价值，是在评估货币价值时考虑的决定因素之一。现值通常用于确定不可兑换资产的可收回金额和按账面价值确定的金融资产的价值。

5.公允价值

公允价值是熟悉交易的当事人自愿交换资产或在诚信交易中清偿债务的金额。公允价值主要用于评估商业金融资产等资产。

我国企业会计的基本规律是，企业在评价会计要素时，应当通常采用历史成本，并确定重置成本、可变现净值、现值和公允价值，保证一定会计要素的总和得到确认和核实。

（三）会计报告

会计报告是以财务报告的形式，根据会计核算和量化的方式对特定实体的财务状况、经营成果和现金流量提供会计信息的报告。财务报表，包括财务报表和其他有关资料，应在财务报表中披露，并以账簿为依据。通过会计获取的财务信息的传递手段，以表格和文字的形式提供给信息的使用者。

企业会计准则规定了可靠性、相关性、可理解性、可比性、与实质性、重要性、谨慎性和及时性等质量要求。

可靠性（客观性、真实性）要求企业根据实际操作或交易情况确认、计量和报告，准确反映符合确认和计量要求的所有会计要素和其他相关信息，以确保会计信息的真实性和完整性。

相关性要求企业提供的会计信息必须与投资者等财务报告用户的经济决策需求相联系。

可理解性要求企业提供的会计信息必须是清晰的，并且对投资者等财务报表的使用者来说是可以理解的。

可比性要求企业提供的会计信息必须具有可比性，包括同一企业不同时期的会计信息和不同企业相同会计期间的会计信息。

实质性要求企业有义务根据交易或事件的经济本质进行会计核算、评估和报告，而不仅仅是以交易或问题的法律形式进行。

重要性要求企业提供的会计信息必须反映与其财务状况、经营成果和现金流量有关的所有重要业务或交易。

谨慎性要求企业在交易或交易的会计、计量和报告方面尽职尽责，既不高估资产或收益，也不低估负债或支出。

及时性要求企业及时确认、测量和报告所进行的操作或操作，不会出现延误或延误。

会计信息质量的特点是选择或评价替代会计标准、程序和方法的标准，并具体说明财务目标。主要功能是确定哪些会计信息可能对决策有用。

第二节　会计要素构成及基本框架

会计要素构成又称财务报表要素，是构成财务报表的基础。企业会计人员应当知道会计六大要素的定义、认定条件和具体内容。会计要素是根据交易或交易的经济特征确定的基本账户分类和基本准则规定，会计要素在性质上分为资产、负债、所有者权益、收入、支出和利润。特别是其中反映企业财务状况的资产负债和所有者权益要素构成资产负债表；反映企业经营成果的收入、支出和利润要素构成利润表。

一、资产

资产是指企业以前的经营或者事件而产生的、由企业拥有或者控制的、预计会给企业带来经济效益的资源。

资产定义所涵盖的资源，同时符合两项条件即资产：

①这些资源带来的经济效益有可能落入企业手中。

②这一资源的成本或价值可以可靠地估计。

资产分为流动资产和不可兑换资产，流动资产是指在正常经营周期内一年（包括一年）或一年以上可以清算或消耗的资产，主要是现金、应收账款和预付款、存货等。

非流动资产包括非流动资产，主要包括固定资产、无形资产等。

二、负债

负债是指由于过去的交易或事件而产生的流动负债，预期这些交易或事件将导致企业的经济收益流出。

界定为负债的负债，如同时符合两项条件，即记作负债：

①这项义务所产生的经济效益可以从企业中产生。

②企业未来流出的经济效益金额可以根据还款期的长短，作为当期债务和非现金债务进行可靠的估算。

流动负债是指在正常经营周期内，包括一年或一年以上的一年内到期的负债，包括短期贷款、应付账款、预付应收账款、雇员薪酬、应付账款、股息、应缴税款、其他应付款项等。

非流动负债包括流动负债以外的负债，包括长期贷款、应付债券等。

三、所有者权益

所有者的权益是所有者在从负债中扣除资产后的剩余权益。其金额为资产减去负债余额或净资产。公司所有人的权益也被称为股东权益.

所有者权益来源包括所有者投入的资本、直接计入所有者账户的损益以及留存收益等。

四、收入

收入是企业在日常活动中形成的经济利益的集合，它导致所有者权益的增加，与所有者的投资无关。

只有当经济效益有可能获得收益，从而增加企业的资产或减少企业的债务，经济效益的流入才能得到可靠的估计时，才考虑收入。

①收入是在企业日常活动中形成的。

②收入是所有者投资以外的经济利益的总流入。

③收入可以增加所有者的份额。

五、费用

费用是指在企业日常活动中发生的非分配利润给所有者的经济利益的总流出，导致所有者权益的减少。

只有在经济效益极有可能产生，导致企业资产减少或负债增加，以及在经济效益流出量能够得到可靠估计的情况下才能确定成本。

①费用由企业在日常活动中形成。

②开支是非分配利润予业主的经济效益的总流出。

③成本可能会减少业主的权益。

第三节　企业财务会计规范体系及准则

一、财务会计准则体系

《财务会计准则》是规范财务会计方法的法律、法规、标准和制度的总称，它既是规范财务报告的标准，也是评价财务报告的依据。

二、企业会计准则体系

2006年2月15日，财政部根据我国社会主义市场经济发展和经济全球化的需要，根据多年会计改革的经验公布了企业会计准则体系，使之与《国际财务报告准则》趋于一致。从2007年1月1日起，将对上市公司实施企业会计准则体系并逐渐扩展到其他企业。

我国现行的企业会计准则体系由基本准则、具体准则、会计准则应用指南和会计准则解释四部分组成，这四个要素既相对独立又相互关联，构成一个整体。

（一）基本原则

主要规范财务报告目的、会计基本前提、会计基础、会计信息质量要求、会计要素及其认可与评价原则以及财务报告的基本标准，明确了整个标准体系需要解决的主要问题。与《国际财务报告准则》中作为编制财务报表基础的会计准则相似的基本会计准则规范了整个标准体系，为制定具体标准提供了概念框架和依据。

（二）具体准则

具体标准是会计准则规范企业所有资产、负债、所有者权益、收入、支出、利润和相关交易的会计、计量和报告，规范企业按照基本标准进行具体业务或交易。我国现行的具体会计准则可分为一般业务标准、特殊业务标准和报告标准。

（三）会计准则应用指南

《会计准则应用指南》是对《企业会计准则》相关规定的补充解释、说明和对相关优先事项和困难的操作指导，以促进其实施和指导其实践。它还包括会计账户、主要账户等。

（四）会计准则的解释

会计准则的解释补充和澄清了会计准则实施过程中出现的问题。

第三章　企业内部控制制度体系设计

第一节　内部控制制度的基本原则及思路

一、企业内部控制设计的原则

（一）系统完整原则

内部控制是贯穿整个经营过程并不断渗透的一个整体。系统完整性原则要求是：必须突破对项目内容的会计控制限制，在更广泛的管理背景下建立内部控制机制，使管理层能够有效利用公司资源开展管理活动，员工顺利进行了具体的操作，信息用户获得了相关可靠的企业信息。内部控制制度应包括对个人的限制和奖励以及对业务活动的控制。在设计过程中，应同时考虑每个风险管理要点，以及控制要素与控制过程之间的关系，使每个业务周期或部门控制的子系统有机构成科学合理的企业管理体系，使企业的经营活动在预先确定的方向上进行。在制定内部控制制度时，还应注意其严格性和完整性、控制的有效性，实现对整个经营过程的全面准确的有效控制。

（二）成本效益原则

成本效益原则是指在没有控制的情况下，将控制成本与损失进行比较，如果控制效率超过成本，这种控制措施是切实可行的。管理费用包括容易量化的直接和间接费用，以及无法量化的间接费用。在实践中，某些活动的有效性很难用货币来表示，但实施这种控制有助于实现企业的控制目标，如道德操守培训、经济项目审核过程、反馈等。实施成本效益原则，要求在建立内部控制体系时，要考虑企业经营管理的具体性、规模性，以及控制项目成本、实施成本和修订成本的必要性，并提高企业的整体效率和效益，使企业的一切经济活动得到充分的控制，并有针对性地控制经济活动管理的重要环节，以最低管理成本最大限度地提高控制效率。

（三）目标导向原则

目标是控制起点和终点，而控制的主要目的是达到既定目标。企业内部控制制度的最终目标是保证制度的整体有效性。目标指示原则意味着企业必须按照管理目标设计内部控制流程。基于企业整体绩效概念的内部控制目标分为两个层次：企业管理的内部控制目标是保证董事会在公司中的作用以及对公司和股东的信托责任；管理控制的目的是提高业务的效率和效益。实现管理控制目标主要采用股东、董事会和总经理的监督控制机制，以工资和收入分配协议鼓励受托人；管理控制的目标主要通过完成高层战略任务、流程管理来实现。即以战略目标为指导，企业应设定短期财务目标、经营目标、投资目标、研发目标等次要目标，每两个目标都确定了具体的监测次级目标。在实现这一目标的过程中，要定期进行检查，分析结果和计划出现偏差的原因，并向有关部门提出改进控制机制的建议，以进一步提高内部控制水平，更好地实现内部控制目标。

（四）有效控制风险原则

风险是指丢失、损坏、破坏或毁坏达不到目的的可能性。企业面临的风险包括政治、经济、文化和自然性质的外部和战略风险、经营和财务风险以及具体的经营风险。有效风险管理原则是指企业在建立内部控制体系时，要密切关注完成重大任务时的风险，有针对性地制定内部控制措施，将风险降低到可以接受的水平。有效的风险控制原则要求行政部门采取适当的程序，根据企业愿意承担的风险水平和偏离可接受的目标，制定支持核心任务的目标，识别和评估影响实现这一目标的风险，并采取措施消除、减少和分担风险，以确保企业目标的顺利实现。在当今经济环境日趋复杂、竞争日益激烈的社会中，行政部门必须树立正确的风险管理理念，建立系统有效的风险管理和控制体系，优化配置控制资源，积极应对可能出现的风险，促进企业健康可持续发展。

（五）合规性原则

合理性原则是指企业在制定内部控制制度时，必须遵守国家有关法律法规以及国家有关主管部门的管理要求。遵守要求是企业开展业务、创造附加值和实现内部控制目标的必要条件。企业在建立内部控制制度时，必须遵守相关法律规范。此外，根据其行业的特点和性质，应遵守行业内部控制规范。

（六）适用于控制环境原则

从系统的角度看，内部控制是一个与周围环境紧密相连的系统，系统适应条件是其存在和发展的前提，因此建立一个考虑到企业内部和外部环境的内部控制体系是很重要的。内部控制体系主要包括以下要素：企业价值观、经营理念、业务特点、组织结构、人事政策、业务流程。适用于控制条件的原则要求企业在制定内部控制制度时，必须深入分析和理解相关的环境因素，只有控制措施的过程、机制和氛围与实施这些措施的环境相适应，才能达到最佳控制效果。以信息化程度低的企业为例，内部风险控制体系主要取决于员工素质和诚信、制约规律、监督机制和责任追究；在信息化程度高的企业中，内部控制系统要考虑信息系统建设规划中的管理风险、信息系统运行不稳定的风险、软件内部控制机制的空白等。

（七）灵活性原则

灵活性原则意味着，在制定内部控制时，必须根据不同类型的控制采用不同的策略。管理可以分为结构化、半结构化和非结构化，这取决于事件和风险是否有规律。结构化是指全面确定了生产启动时间、控制方法、结构化控制的控制步骤，通常采用技术控制方法；非结构化管理是指由于事件和风险的不可预测性而无法确定的控制时机、方法和步骤，通常采用管理控制方法；半结构化管理是指存在一定的事件和风险的可能性，从而无法确定控制的实施时间，但管理方法和控制步骤已经确定，通常与技术和管理控制相结合。

（八）责任权利相结合原则

责任权利相结合原则是指企业在建立内部控制体系时，必须明确每个责任主体（经营者、管理者、雇员、部门）的责任，赋予该主体履行职责所需的权力，并根据该主体的职责分配收益。责任产生压力，使管理人员和员工承担责任；权利使管理人员能够履行职责，并产生自豪感和责任感；利益为激励管理者和员工提供动力。责任权利相结合的原则要求企业对不同责任主体的经营任务、职责、经营程序和程序进行界定，建立相应的科学合理的评价标准，并根据评价结果进行奖惩，以确保有效实施内部控制制度的连贯性和激励性。

二、企业内部控制设计的思路

（一）整体设计概念

现代企业内部控制体系是企业各级、各环节科学有效管理的有机体系，由一系列控制策略和程序构成。内部控制包括控制条件、风险评估、监督决策、信息传递以及对整个企业生产和经营活动的自我控制。在整个企业的设计中，内部控制系统可以基于以下两个原则。

1. 静态设计

企业内部控制系统总体上是组织、设计和技术方面的综合，静态设计是在综合考虑这三个方面的基础上进行的。首先，内部控制制度的主要目的是确保本组织的有效运作。现代企业是一个组织，可以分为高、中、基层和地方四个层次，每个层次由几个单位组成，每个单位有若干成员。从组织的角度设计的内部控制系统需要考虑到公司控制目标、控制条件和控制方法，以便能够确定管理层的经济责任和业绩责任制。其次，内部控制系统的设计是为了确定合理的内部控制机制，该项目是内部控制体系的核心要素。在确定企业内部控制项目时，应考虑企业的概念、战略和目标以及企业的管理水平。再次，内部控制下的项目选择应包括会计控制、管理控制、业务控制和法规执行控制等方面。最后，必须把项目、组织和过程有机地结合起来。每个项目都是在组织层次、单位和成员的基础上，按照特定流程、操作和任务的要求进行的，每个内部控制项目都是由组织和流程、二维系统组成的，可以形成由组织、流程和项目组成的三维空间框架。

2. 动态设计

动态设计是一种过程设计，内部控制系统是一个完整而动态的系统，不仅包括设计，还包括执行、评估或执行验证、分析和报告测量或测试结果以及偏差调整。任何内部控制都是在特定的环境下制定的，必须能够根据不断变化的经济环境和业务特点及时加以调整和改进。因此，内部控制必须是动态的和改进的，并不断完善。在设计动态内部控制系统时，必须考虑到企业的愿景、战略和目标，根据这些愿景、战略和目标，内部控制系统在设计后将实施。

实现内部控制目标的第一步是评估或检查内部控制系统的运行情况，然后将内部控制系统的实施指标与内部控制系统进行比较，以确定检查结果是否符合要求。如果符合要求，则无须干预；对偏差超出控制范围的，进行偏差分析，制定偏差纠正措施，并向监管机构提交检查报告和改进建议或方案。动态适应评估的重点是内部控制的长期运行结果，偏差修正是内部控制的功能之一。

（二）单项内部控制制度设计思路

1.部门规划

部门是组织的一部分。部门设计的关键是创造有利的控制环境。在部门设计中，首先要分析企业中与部门相关的项目及其在设计过程中的地位、需要参与的任务以及完成任务时可能出现的风险，进一步确定关键控制点；其次确定要在检查点基础上开展的检查活动，具体划分职责和权限，制定绩效考核标准；最后在部门内部和部门之间建立信息和通信程序，以便在部门内部和部门之间迅速交流信息，并获得完成任务所需的信息。

2.项目设计

一个有自己业务流程的项目，会涉及不同的组织单位。应在分析项目所涵盖的部门、部门层面、部门间的相互关系和业务流程的基础上，制定项目内部控制的测试方法、测试标准和操作程序。

3.流程设计

企业中的业务流程控制系统是在一个包含多个操作的过程中开发的，每个操作由多个任务组成。

①明确相互关联的不同工作环节，确定投入和结果。

②明确业务流程中业务与业务的关系，建立业务链，为每个业务制定相应的业务标准，根据每个业务的投入和成果制定相应的评价指标，并为每一项行动的投入和产出总数作出澄清。

③为每个操作定义任务组合。每项任务都有相应的标准，即业绩指标，包括数量指标和非经常指标。

④执行任务的每一成员。衡量组织成员业绩的标准是数量和质量，任务应由组织、单位和个人执行，包括在权力和责任下放方面，因此应与组织规划有效结合。在业务流程的实施过程中，还可以采用不同的内部控制机制。

第二节　内部控制制度的基本形式及方法

一、管理控制设计方法

项目管理方法取决于项目设计的范围。从范围上看，管理方法可分为全局设计和局部设计。新企业在没有任何管理体系的情况下，为满足业务和管理需求而设计的一套新的管理体系；老企业虽然存在不同的管理体制，但由于业务定位的变化，旧的管理体制完全不适应新的条件，需要实施整体工程管理。局部设计是开发一个部分管理控制系统，包括添加或修改某些元素。

（一）管理控制设计方法遵循的程序

1.设计清晰的主体

管理控制系统作为企业的内部规范性法规，其设计必须保证其权威性，其组织者必须是企业的最高管理者，必须对最高管理层全面负责。然而，该系统是高度专业、技术和功能性的，因此具体的设计人员必须了解所设计单位的业务政策及其活动的所有要素，以及管理理念、管理风格、管理方法、管理目标和管理需求。此外，具体的设计人员必须熟悉内部控制的理念和方法，具备管理专业的培训，具有丰富的管理知识和管理工作经验，以及企业经营管理的规律，还要有总结的空间，如果企业有这类专业人才，就可以自行发展管理控制系统，如果没有，就要聘请外判专家来设计项目。

2.熟悉和了解企业背景

成功的设计制度的基本出发点是企业知识、企业历史概况的掌握、业务的发展、组织架构、资产装备状况、产品生产销售、办公工具、财务状况等，为设计制度打下坚实的基础，这些工作可以说是彻底的，关系到整个系统的合法性和可用性。

3.业务调查和分析

在获得基本资料后，有必要深入研究进行中的业务程序和方法，深入分析主要作战行动的作战程序和方法存在哪些问题。可以采用组织图、业务图、工作分配图和表单分发图等方法进行分析。

4.结论和建议

在分析调查后，会就调查结果及改善现行制度及发展新制度的建议作出结论。

5.拟议制度的审批及试验

调查结果和建议提交最高管理层批准。如果管理层对此提出异议，则应进一步澄清结论和建议。如获最高管理层批准，设计人员会根据批准的报告，定期检讨旧制度或发展新的监察制度。系统的内容应取决于企业的规模及其工作的复杂性，其形式应以文字和图形为主。该系统是一个项目，一旦获得批准，就必须在企业内部进行测试，以便在试验的基础上逐步完善，然后提交修订和改进的系统的最终版本，最终版本将由最高管理层批准并在企业内实施。

（二）管理控制设计的具体内容

1.组织结构管理设计

企业的工作安排主要是确定企业的部门、权限和职权范围，使企业全体职工在企业内部能够协调有效地工作，以实现企业的共同目标。在制定企业组织结构时，部门划分形成的结构体系必须符合企业发展战略、技术和环境要求。目前常用的方法如下。

一是功能划分。按部门职能组织业务活动，使每个部门有不同的职责和职能。例如，工厂分为采购、生产、销售、财务等。根据这种划分，企业功能取决于企业规模、生产特点、技术密度、规模、生产环节，企业技术密度高、功能部门多，其层次更高。该方法的优点是与企业的工作逻辑相一致；遵守专业化原则；能够维护关键职能和行业机构的权威性；可以有效地实施严格的控制。缺点是强调高层管理人员对业绩的责任，且过分强调专业化不利于跨部门协调。

二是按产品划分。这种划分是在企业按职能部门划分之后进行的，这是因为企业的成长和职能部门工作的复杂性，为了更好地管理和控制它们，进一步按产品部门划分职能，其优点是管理以产品为中心，有利于成本控制、利润核算和评估，促进生产协调和激励创新活动。缺点是企业组织结构模糊，需要更多员工具备综合管理能力，不利于专业干部集中使用，难以受到企业高层管理人员特别是企业管理人员的监督。

此外，在组织结构管理结构中，还确定了按活动区域划分的组织结构、按客户群划分的组织结构以及矩阵结构。组织结构通常分为功能或产品。

2. 人员控制结构

这项计划的目的，是采取一系列措施，为企业组织架构内的所有职位配备人手，确保这些职位在现时和将来都能协调健康地发展。它包括人员培训、开发以及协调。

（1）人员配置

人员培智主要是为了人员配备和人员选拔。人员的选拔应当符合企业的组织结构及其规划目标。招聘是一项复杂的工作，考虑到候选人员的美德、健康状况、年龄等因素。在人员配置过程中，还必须考虑到企业发展的需要，以最大限度地满足企业对短期、中期和长期发展的专业人才需求。

部门在招聘员工时，应尽量考虑老、中、青专业人员的组合。虽然人事部门主要负责具体的招聘工作，但招聘计划、招聘范围和要求、甄选程序的制定、评估方法、培训计划等策略，都是由其负责，既需要高层直接参与，也需要各职能部长的参与。在为企业招聘员工时，这一点尤为重要。

我国国有企业最高管理人员的选拔，仍然是当前和今后党和政府的决策。最高领导人的选拔由党的组织和人事制度规定，中层管理层由企业自己选择。对企业来说，决定企业成功的决定因素之一是中层管理者的管理质量和能力。中层管理人员在企业中起着领导作用，必须迅速、透彻地了解最高层的决策，必须能够果断、细致、迅速地将管理层的决策转化为本部门的实际工作。

在挑选中层管理人员时，必须制定严格的选拔制度和程序，挑选这些工作人员的依据是其智力、能力、活动、个人素质、道德规范、工作技能、组织协调技能，以及执行工作的综合能力。这类决定须由最高管理层集体评估及集体投票决定候选人。如有争议，也可进行群众投票。企业应制定一套有效的绩效考核指标，以便于中层管理人员的选拔。

（2）培训和项目发展

企业人才选拔主要有两个渠道，第一个是从外部招聘；第二个是来自内部选拔。因此，企业必须有定期的培训计划，包括在职培训和裁员计划，通过各种方法和知识培养自己的员工。当然，为了防止人才外流，企业必须有自己的人才外流限制制度，当然，这些制度首先必须是合法的，而且要有充分的依据。

3. 协调关系结构

要想成功，首先需要分工，然后是协调。所有部门都必须团结一致，否则就可能失去控制，出现可能导致失败的冲突。这种协调应包括纵向、横向。纵向协调是指建立一种指挥体制，界定各级管理人员与下属之间的职责和关系。横向协调是指机构间的协调。跨部门的工作可能涉及交叉或相互矛盾的因素，因此，有必要建立一个横向协调制度，明确规定需要合作的部门的要素和责任；设立专门协调机构或特别协调员，如助理总干事，协调促进和惩罚部门员工在工作中的积极或消极行动。

4. 企业经理和高级管理层的管理结构

控制我国企业主要负责人，即企业负责人及其高级管理人员，是管理结构中的一项艰巨任务，也是人事控制最重要的内容之一。内部控制体系必须得到企业负责人和高级管理人员的批准才能在企业实施，因此企业负责人及其管理层的素质，以及对内部控制体系的态度是完善和全面实施整个内部控制体系的关键。

二、会计控制方法

会计控制方法一般分为两大类：以会计要素分类法为基础的控制方法，这种方法的优点是设计更简单，缺点是系统更分散。另一种环节控制方式，根据企业的具体情况，将整个业务流程有机地划分为多个环节，如加工企业可将业务分为销售收入环节、购销支出环节、供应环节、管理费用环节、财务环节管理等，并针对这些环节进行会计控制设计。这种方法的优点是所设计的系统更为系统化，缺点是开发成本较高，实施成本较高。

第三节　企业内部控制制度体系的设计层次

一、公司层面内部控制设计

公司一级内部控制的主要内容包括：诚信操守、员工能力、管理理念和处事作风、团体和委员会的监督、组织结构和职责分配、人力资源政策和做法、目标设定和联系、风险识别和评估、审计委员会和内部审计、反欺诈等。公司一级的内部控制包括以下几方面。

（一）监管环境设计

对环境设计的规制包括管理层对伦理诚信观念的阐述和实施；领导层形成适宜的管理理念和经营风格；管理层确保员工的能力；董事会和审计委员会参与公司治理和控制；建立适当的组织结构；适当分配权力和责任；有关的人力资源政策和做法。

（二）风险评估架构

风险评估架构主要包括业务目标的确定和沟通；建立风险评估程序，包括评估风险的影响、发生的可能性和需要采取的行动；具备适当的程序，以检测、发现和回应对公司活动目标或流程有重大影响的变化；制定识别、转移会计准则和会计制度变动的程序，以及内部控制或改变其运作方式。

（三）制定管理措施

制订控制措施，除其他外，包括制定所需的政策和程序，以及确保公司政策和程序所规定的控制能落实；管理层制定了明确的财务和运营目标，如预算、利润等。在公司运营过程中记录、适当披露和监控的信息；查明和纠正报告计划和制度之间的差异，并进行调查和采取适当的方案纠正行动；合理分配职责，降低诈骗风险；定期检查账户登记的资产数量是否与有形资产相匹配，充分保证资产、记录和文件的安全，防止出现擅自存取或者损坏的情况；制定相关管理程序和数据文件的访问策略，应用逻辑安全工具以及数据和程序访问技术。

（四）信息通信设计

信息和通信系统的开发和维护，应按照与公司战略相一致的信息系统开发战略进行，以实现公司一级和流程一级的控制目标；提供足够的人力和财政资源，以发展所需的资讯系统，并吸引用户参与资讯系统的发展和测试；信息系统提供必要的指导，并促进管理决策的制定。足够详细的信息应及时提供给相关用户；管理层为所有主要数据中心制定业务连续性和灾难恢复计划；制定必要的政策和程序，确保公司内部及时有效地沟通；管理层有效地将控制责任传达给员工，并为解决潜在问题建立沟通渠道。

（五）持续监测项目

持续控制项目评估和监督日常操作中的内部控制和人员；管理层通过内部审计进行控制；管理部门执行内部和外部审计人员关于内部控制缺陷的建议，查明内部控制缺陷，并及时答复监督机构提供的报告和建议。

（六）制定反欺诈措施

制定反欺诈措施的目的，是让公司制订适当的程序和内部控制机制，以降低已确定的特定欺诈风险，或防止、预防和识别有关的欺诈风险。

二、流程层面内部控制设计

公司内部控制项目组在着手制定一级的内部控制机制之前，要根据企业的特点和实际经营状况，并结合企业内部控制的基本规范，确定企业的主要业务流程和子系统。大企业一般分为五大业务流程，这五大业务流程是市场、人力资源管理、采购和库存成本、固定资产和财务报告。不同的企业可以根据自己的条件增加或减少主要业务流程和子系统。这五大业务流程是市场、人力资源管理、采购和库存成本、固定资产和财务报告。

在开发特定业务流程时，母公司和子公司都必须挑选经验丰富的专业人员，在流程级别执行具体的内部管理工作。包括流程图设计、流程描述、流程级控制矩阵、流程级内部管理建议。

第四节　内部控制制度体系的建立

一、企业内部控制的系统性

内部控制机制是控制理论和经济控制理论中用来分析每个组织的管理过程，研究每个单位如何履行其管理职能，以及如何有效地规范和控制管理过程的科学方法。运用管理理念、原则和方法分析企业经营管理过程，有助于揭示和描述组织的内部机制。

从控制论的角度看，现代企业内部控制体系可以说是股东作为最终控制主体，董事会、经理、企业各职能部门和职工作为不同层次的控制主体和被监管对象，通过股东、董事会、经理之间的信息联系，由职能部门和全体员工使系统以一套规范的方式为企业的共同目标运行。这表现在两个层面：公司治理结构层面和公司治理体系层面。现代企业产权与管理的分离表现为合同控制权的授予。公司管治的机制表现为股东、董事局和CEO（Chief Executive Officer，首席执行官）之间的问责和制衡机制，就是说，公司管治的机制是由股东、董事会和CEO组成的，为了实现董事会制定的目标，企业管理部门制定了一系列战略、规则和组织程序或措施，形成了公司治理体系。

在企业内部控制体系的不同层次上，由于内部控制总体目标的解体，内部控制体系形成了层次复杂的体系。在这个系统中，每个层次的每个子系统都有一个共享共同的目标，并根据这个目标提供最优控制，整个系统的管理是通过子系统之间的协调来实现的。

从控制信息传输路径的角度来看，内部控制包括两种方式。

①闭环控制，也称为"反馈控制"，在反馈控制中，"负反馈"可以减弱外部干预对系统的影响，提高系统的稳定性。"正反馈"提高了输入灵敏度，提高了传输系数和输出效果。由于传输和反馈过程中的时间延迟，负反馈的深度是有限的，如果超过一定的极限，那么它就会转化为正反馈；正反馈可能导致系统偏离目标的范围扩大，形成恶性循环，使系统不稳定甚至解体。

②启用闭环管理。它控制过程，不使用预期结果的信息，而只使用外部控制信息。这些信息流与反馈相反，也称为反馈控制。由于往往很难准确预测建立未来系统的信息（如经济预测、规划、预算控制），因此经常采用混合控制机制，例如通过预算控制建立经济责任制。

二、现代企业内部控制系统的要求

建立现代企业内部控制体系的总体思路是运用内部控制理论，借鉴内部控制样本，符合内部控制规范，结合企业实践。一个健全而有效的内部控制制度，必须定期进行检查和评估，并根据应营商环境和业务运作不断转变的特点，在内部控制方面作出创新，以更好地适应不断变化的经济环境和企业发展对内部控制的要求。

（一）系统性

为了使企业内部控制体系达到多层次的目标要求，必须对企业内部控制体系进行综合规划和系统实施。

（二）完整性

企业内部控制制度应当规范经济活动，涵盖人、财产、财产管理的方方面面。企业内部控制体系应包括控制条件、风险评估、控制活动、信息通信，监督和覆盖企业所有业务和部门等要素。换言之，应将控制要素、操作周期或内部控制子系统设置为企业内部控制的总体结构，每个子系统的具体控制目标应与总体控制体系的总体目标相一致。内部控制制度应涵盖公司管理的各个环节，并普遍适用于所有员工，没有任何系统性的漏洞。内部控制制度应前瞻性地制定，并根据内部环境的变化加以调整或改进。

（三）适应性

企业内部控制制度应以企业的条件为基础，并适应其条件。一方面，内部控制制度的建立和实施要考虑到企业的实际情况和企业的需要；另一方面，企业要创造良好的环境，建立有效的内部控制体系，创造良好的内部控制环境。此外，它还包括对系统本身的适应。

（四）安全性

企业自身内部控制系统的安全作为企业经营和运营的整体控制措施也是一个重要问题。因此，必须对系统进行安全控制，保证系统软硬件的正常运行，保证系统数据的完整性和可靠性，防止其被破坏，等等。只有建立健全的内部控制制度，才能实现内部控制的目标。

三、企业内部控制系统的实施途径

（一）内部会计控制

内部会计控制机制是直接影响企业会计记录可靠性的内部控制机制，可提高会计信息质量，保证财产安全完整。它包括以下内容。

1.授权控制

为了确保内部控制的满意度，每个操作都必须得到授权。授权可以减少不合理和经济违规的情况发生，从而确保决策和计划的正确执行。

许可证的形式可分为一般权力和特别权力。一般授权是指在执行正常业务时，规定较长的权力期限、条件和责任。许可证是关于在执行时效较短的特殊业务时的权力、条件和责任的规定。

授权控制系统包括以下内容：

授权的范围一般适用于企业的所有业务；授权的等级应根据经济活动的重要性和资金而有所不同；授权的责任，必须就获授权行使权力的人的责任予以明确，以免出现职责不协调的问题；授权程序。应当建立每一项经营活动的审批程序。

2.监督职责分工

为了防止故意或无意的错误或欺诈的情况发生，不相容的职责不应由同一人承担，以减少发生错误的可能性，这需要职责分工。职责分工主要从以下几个方面进行：经济业务审批和执行职能分工；经济交易的执行和记录职能的分离；资产保管和对账职能分离。

3.对会计记录的控制

会计记录包括会计凭证、会计账簿和会计报表。为了确保企业会计报告中经济活动信息的完整性、及时性和可靠性，必须对会计记录进行适当地控制。会计记录控制的主要内容包括：建立严格的文件系统和文件传输程序，如内部文件的预先连续编号、空白收据和支票，这些文件应由特别人员保管；实行严格的定期检查、审查和清查制度。

4. 实物控制

实物控制是指为保护所有资产而采取的安全手段和措施，包括实物控制手段和人身控制机制。

5. 内部审计

内部审计既是内部控制的一个组成部分，也是内部控制的一种特殊形式。内部审计是本组织内部对各种业务和控制系统进行独立评估，以确定是否遵守既定程序、是否达到既定标准、资源是否得到合理利用以及单位的目标是否实现。

内部审计通常包括内部财务审计和业务管理的内部审计。会计信息的控制与核查既是一种有效的内部控制手段，也是保证会计信息真实性和完整性的重要措施。

（二）内部管理控制

内部管理控制是指为实施管理原则、合理有效地开展活动而进行的内部管理控制。内部管理控制机制根据我国企业的特点不同，可分为系统性、预算性、评价性和激励性四个方面。

1. 系统控制

内部管理控制下的系统控制是指规范、限制组织各级管理人员和工作人员的行为，以实现组织的目标，包括以规则、准则等形式，确保管理活动不违背或有助于实现组织的战略目标。系统控制适用于各类组织或企业。

系统控制系统作为管理控制系统的一种模式，必须具备管理控制系统的基本要素和基本程序。

从控制程序的角度来看，对系统运行的控制包括系统的设计、实施、制度验证以及激励和制裁等内容。其主要的特点是控制是在制度或规范层面上进行的。

从层次上看，系统控制包括战略控制系统、管理控制系统和操作控制系统。具体而言，战略控制体系包括：公司章程、公司战略规划结构、公司治理体系等。管理控制系统包括财务控制系统、人事控制系统、营销控制系统、采购控制系统、生产技术控制系统、成本控制系统等。操作管理系统包括：生产流程、采购流程、存储流程等。

2. 预算控制

预算控制是指以预算计划的形式规范组织的目标及其经济行为过程，调整和改变管理行为模式和目标，以确保实现各级的目标、战略、政策和规划。

从控制机制上看，预算执行控制包括编制预算或预算计划、执行预算、分析预算差异和纠正偏差。

从管理控制系统的角度看，预算控制包括预算规划、预算控制、预算评估和预算激励。

从预算层面看，预算控制包括公司预算（公司和子公司预算）、部门预算和项目预算。

从预算内容上看，预算控制包括业务预算、财政预算和资本支出预算。

从预算过程看，预算控制包括预算要素、预算控制点、预算控制标准等。

就预算方法而言，预算控制包括经常预算、弹性预算、零基预算、补充预算、经常预算和过渡预算。

预算控制系统的一个显著特点是，通过量化标准，管理者和员工确定自己的目标，并将企业的总体目标与个人目标紧密联系起来。预算控制使管理者和员工能够及时发现预算执行过程中的问题和缺陷，确保完成既定的任务。

3. 评价监测

评价监测是指组织通过评价确定各级管理人员和工作人员的经济目标和行为。评价监测的重点是监测目标，而不是监测过程，只要各级管理目标都能实现，本组织的战略目标就会实现。

作为管理控制系统的模式，评价控制系统应包括战略计划、评价指标（指标选择、指标标准、指标计算）、评价程序和方法、评价报告、奖励和惩罚。

从控制方面看，评估控制可分为董事会对高级管理人员的评估控制、部门主管对高级评估管理人员的评估控制、项目经理对员工的评估控制。

从控制内容上看，评估控制可分为财务绩效评估、管理绩效评估、技术绩效评估。

4.激励控制

激励控制是指企业通过激励来控制管理者和员工的行为，使管理者和员工的行为符合企业的目标，激励控制包括激励选择、激励约束和绩效评估等内容。

根据等级制度，奖励控制可以分为经营者激励管理和员工激励控制。建立企业激励机制是现代企业有效控制的关键。由于业主与经营者之间的信托关系一般不同，业主必须透过激励措施，监察经营者的行为，使经营者的行为符合企业的标准（或业主的标准），从而降低经营成本，并为企业创造更有利的环境。员工激励控制是管理者以不同动机激励员工行为的过程。有效激励是培养员工能力、提高员工工作质量的重要手段。

激励控制的作用是使企业所有者的目标与管理者，特别是高级管理者的个人目标相协调，并根据不断变化的社会经济和技术环境调整目标策略，以提高企业的价值和福利。激励制度的优点在于，它允许通过利益约束机制来规范管理者和员工的行为，从而使管理者和员工的行为与企业所有者要求的目标相一致，达到企业价值最大化的目的。

四、我国企业内部控制系统建设中存在的问题

（一）内部控制薄弱

企业员工，特别是管理人员，对内部控制的认识很差，没有给予足够的重视。一些对内部控制机制认识滞后的企业负责人认为内部控制机制是内部约束和内部监督，只是一套指导、文件和制度，有的认为内部控制完全是为了满足政府有关部门对企业的控制需要。一般来说，管理是集中进行的，而不是基于个人主观判断的科学决策，忽视了企业制度。

管理人员对企业内部控制机制的认识水平低，导致企业内部控制缺乏动力或执行不力。管理层对内部控制的态度对于内部控制的有效性至关重要。

（二）工作人员技能水平低

员工是企业最重要的资源，也是企业的核心，企业的有效运行需要员工熟练的工作技能和诚信。鉴于我国企业目前的情况，企业员工的综合素质不符合内部控制的要求。由于管理人员对企业建立有效的内部控制负有首要责任，管理质量自然是决定内部控制质量的重要因素。现代资本运营缺乏概念和技术，对风险管理缺乏重视而忽视对于管理人才的吸引，缺乏科学合理的决策机制，缺乏长期的内部控制观念是现代企业管理的普遍问题。

除了知识和技能方面的缺陷外，一些管理人员还不能亲自遵守内部控制的有关规定，甚至滥用职权，超出控制范围，从而降低了内部控制的可信度和威慑力。此外，企业普通员工的素质，特别是会计师的素质，对内部控制的有效性有着显著的影响。目前我国企业会计专业培训水平普遍较低，部分会计人员对相关财经法规和标准体系认识不深，只追求个人利益，或盲目追随管理层的意图，导致财务信息严重失真。

（三）治理结构不健全

建立一个内部控制框架需要一个适当的管理结构。现代企业两种权利的划分，增加了管理范围，提高了管理水平，管理职能逐渐解体，客观上要求规范的公司治理，明确了当事人的责任，加强了内部控制，以保障所有者、经营者的合法权益。现阶段，中国企业的管理结构基本上是"非典型"的，缺乏监督是非常普遍的现象。科学有效的管理结构还没有建立，企业的控制、执法和监督具有普遍性的情况仍然存在。这种不规则的管理结构大大降低了企业层面的制衡效果。

（四）缺乏有效的约束和激励机制

企业生产经营的任何行为都是由人民来进行的，企业的各种规范性行为都是由人民来制定、执行和评价的。缺乏对人民的控制机制，特别是对企业高级官员的控制，可能导致内部控制系统的效率低下。此外，现有的内部控制制度基本上仍受日常业务管理的限制，特别强调遵守基本业务规范和建立科学的控制机制，以提高业务活动的效率和效力。

一些企业来说的内部激励不足，在我国大多数上市企业中，对管理者的激励是两种趋势。一是国家对国有企业董事的一般性、分级性工资标准仍负有责任，不能对管理人员的贡献进行适当的评价和认可。雇员的工资一般是固定的，几乎没有激励他们参与企业管理，尽管内部控制制度限制了他们在企业中的行为，但在现有的激励机制下，普通雇员参与企业管理的意愿和动力是缺乏的。对实行内部控制的人来说，对工作的控制与其所得工资无关，导致监管者对工作不负责任，使企业的监督制度失去了应有的作用。

（五）内部监督职能的削弱

在内部控制系统中，内部审计职能是监测企业业务是否符合内部控制要求，协助管理层提高其他控制政策和程序的效率，并就改进内部控制提出建议。但目前我国企业对内部审计的性质和作用认识不足，对内部审计的建立和实施重视不够。内部审计事务的设立必须具有权威性，必须服从管理层的监督形式，如果地位低下，就不能保证内部监督的独立性。在工作职能方面，内部监督职能仍然是发现错误和弥补不足，而不是分析、评估和提出企业管理建议。此外，许多内部监督事务人员没有接受培训，缺乏审计知识和技术能力，这也削弱了内部监督的职能。

第四章　企业内部控制体系的构建

随着市场经济的发展，企业内部控制作为价值控制和综合控制的手段，已成为现代企业管理的重要环节。如何加强内部控制机制，是当前我国企业改革发展的迫切问题。特别是在后危机时期，建立有效的企业内部控制体系，从而加强我国企业的内部控制具有重要意义。

第一节　企业内部控制的构建分析——内控制度体系

一、企业内部控制目标体系的提出

在控制企业绩效的思维上，任何不客观的管理措施都被认为是无效的，导致企业成本的增加，造成了不必要的资源浪费。在企业内部控制体系的建立中，控制目标是实现企业内部控制体系建立所需的目标和结果。确定内部控制目标是建立企业内部控制体系的关键。内部控制机制本身就是企业实现既定目标的过程和活动的手段，而这些目标就是内部控制的目标，这是内部控制的核心，反映了内部控制的目的和预期的结果。同时，内部控制的目的是建立内部控制体系的指导，也是对内部控制机制的检验和评价。因此，除了为组织中的其他辅助管理系统提供服务外，内部控制目标还应更多地融入企业的其他管理目标。

国内企业目前正处于制定内部控制标准的阶段，需要明确内部控制目标，以便确定内部控制的方向。目前，企业将要实施的内部控制系统的定义、设计和建立，内部控制标准的制定，以及内部控制目标的确定，都取决于我们对这些复杂的系统工程有多仔细地思考，以及它们对理论研究的支持有多迫切。

1992年，美国COSO委员会就内部控制要素建立了一个共同的内部控制框架，该框架在其题为"一般内部控制框架"的报告中为自己确定了三类内部控制目标：业务的效率和影响；财务报告的可靠性；遵守适用法律。这份报告成为内部控制管理的圣经，是迄今为止对内部控制的最全面的描述，在一定程度上超越了以往狭隘的内部控制框架，这些框架完全是从会计和审计的角度来研究的，不仅包括会计控制，还包括企业管理，是一个具有更高系统视野的内部控制框架，涵盖三类目标。第一类涵盖企业的主要经营目标，包括对绩效、盈利能力和资源安全的要求；第二类是为了确保财务资料的可靠性，包括编制可靠的财务报告（中期、年度），以及抽样财务资料、非财务资料注释等；第三类是执法。1994年，UNMIK（United Nations Interim Administration Mission in Kosovo；联合国科索沃临时行政当局特派团）除了列入对外关系报告之外，还增加了资产保护部分。但是，这个元素来自业务目标，而不是独立的目标。在1999年，发展局发表了一份文件，表示内部控制是该组织计划和进行的管理活动，包括方法、程序和其他评估措施，足以令企业达成以下目标。这些目标包括：

①将战略目标与确保精简和更具成本效益地运作以及提高产品和服务质量联系起来；

②保护资源不被浪费、弄虚作假、管理不当等违法行为的损失；

③遵守适用的法律、法规和规章制度；

④提供可靠的财务资料，并及时、适当地披露这些资料。

美国PCAOB（上市公司会计监督委员会）于2004年3月发布的第2号审计准则继续建议采用COSO报告中的总体内部控制框架，这意味着内部控制目标仍以业务目标为重点，报告目标和遵守目标。2004年9月，作为企业风险管理框架的一部分，UNMIK委员会将内部控制目标分为四类：

①战略目标，与企业目标相联系并支持企业目标的最高层次的目标；

②业务目标，高效率和高效率地利用资源；

③报告的目的是报告的可靠性；

④遵守的目的，是指遵守适用的法律、法规和规定。

2004年9月，以往在COSO报告中报告的五项内部控制内容被扩大为八项控制内容，既反映了1992年COSO框架的超额完成，也反映了其向内部控制的过渡，并强调董事会和管理层在制定目标、识别和评估风险、选择风险管理策略等方面的重要作用，同时明确其对业务的成败负全责。

结合COSO报告的新旧版本，其目的是为任何组织、企业制定共同原则，并避免在制定内部控制制度时误导用户，只发表概述内部控制总框架的一般性声明，并没有提出切实可行的方法，以确保除内部控制评估清单外，在企业内部执行此类框架意见，企业和组织必须了解、设计、实施和评估适用于其企业的内部控制框架，考虑到它们的环境和商业特性，2008年6月22日，财政部、审计署、证交会、证监会和证交会联合发布了《企业内部控制基本规则》，明确规定内部控制的目的是为了在企业管理、资产安全等方面合理遵守法律要求，促进企业可持续发展战略的有效性和效率。我国关于"内部控制"问题的教材和文献一般涉及两个方面，每一方面都有三个目标和六个目标。

1. 会计控制的目的

（1）确保财产安全。

（2）确保会计信息的准确性。

（3）确保金融活动的合法性。

2. 管理控制目标

（1）保证生产经营活动的经济性、效率和效益。

（2）执行国家法律法规。

（3）执行管理决定。

值得注意的是，这些目标非常普遍，适用于所有企业。这一目标体系不仅不同于财政部2011年制定的基准，也不同于其他国家的内部控制目标。

在新的国际管理概念下，内部控制制度首先是面向而后运作的，特别是在内部审计部门，更加面向内部客户服务，这是实施内部控制制度的动力。目前的管理体系包括目标管理理论、激励理论、激励理论等。众所周知，一个良好的管理机制，应该鼓励成员及各有关方面选择一个合理和友善的做法，而不是只限制一部分推卸责任和滥用权力的情况。

二、企业内部控制的目标定位

在美国，COSO于1992年发布了综合内部控制框架，并于1994年进行了补充。在综合内部控制机制下，内部控制被定义为受董事会、管理人员和其他人员影响的过程，为活动的效率和成效、财务报告的可靠性以及遵守法律法规提供了可靠的保证。2004年9月，COSO正式发布了《企业风险管理总体框架》。报告的内部控制内容较为广泛。认为企业风险管理是企业管理层和其他人员共同实施的过程。运用企业各级的战略和措施，确定可能影响企业的潜在危机，根据企业的喜好进行风险管理，为实现企业的目标提供合理的保障。在目标定义方面，企业风险管理总体框架在内部控制整合框架中提出的三个目标的基础上，增加了一个战略目标，即实现与企业远景或任务相关的高水平目标，扩大报告目标的覆盖范围，尽管企业风险管理总体框架比内部控制框架所设定的目标更全面，但仍存在缺陷：监管机构仍仅限于董事会，管理层和其他企业官员，不适用于股东和其他利益相关者，过度关注风险会影响企业灵活应对和创新的能力。

具体内部控制的目标应针对本组织内的所有活动，应充分、易懂和合理，并与整个组织的目标相一致。监测的目的是要么取得管理层计划取得的积极成果，要么避免负面影响。为了制定具体的监测目标，必须对所有活动进行共同分类，在每个类别中，将活动划分为重复过程的组，以便于控制关键过程，如特殊操作或事件。这些组合必须与企业的组织结构和职责分配相协调。企业活动可分为金融活动和行政活动。为了监测发展，必须查明和分析经常性的重复活动。

目前，我们正在加紧建立企业内部控制标准体系。我国企业内部控制标准的制定要体现中国特色，顺应企业和公司治理的历史潮流，使内部控制体系更加实用、科学、前瞻、全面。我国企业的公司管治与美国企业的公司管治有很大的区别，我们的《中华人民共和国公司法》（以下简称《公司法》）要求企业同时成立董事局和监事会，并赋予它们更大的公司管治和内部控制权力，例如，如何控制公司财务；行政领导和管理监督公司履行职能，对违反法律、行政法规、公司章程或者公司决定的董事、高级管理人员提出罢免建议；如果董事和高级管理人员的行为损害了公司的利益，他们会要求董事、高级管理人员等赔偿。

《公司条例》亦为监察委员会的职能提供法律保障，监察委员会如发现监察委员会或没有该机构的公司，可进行调查；如有需要，可聘请会计师事务所协助他们工作，费用由公司承担。我国法律除注重保护股东利益外，还十分重视保护职工权益。

我国《公司法》规定，由两个以上国有企业或者其他两个以上国有投资主体设立的有限责任公司，其董事会中应当有公司职工代表；公司职工代表可以作为有限责任公司董事会其他成员的代表；审计委员会由股东代表和公司职工代表的适当比例组成，其中职工代表比例不得低于公司章程规定的三分之一；董事会中的职工代表由职工通过职工代表大会、职工大会等形式民主选举产生。因此，我国企业内部控制标准体系的制定应以股东大会或包括独立董事在内的上市公司股东、董事会和公司内部控制范围和职责分配的综合考虑为基础。

风险评估是及时发现实现内部控制目标的风险，系统研究企业经营活动的风险，确定应对策略。企业应当按照规定的控制目标，系统、综合地收集相关信息，并结合实际及时进行风险评估。企业应当结合风险发生的可能性和影响程度等因素对发现的风险进行分析和分类，并通过定性因素和定量因素的结合确定风险并控制风险。

企业要进行风险分析，就要充分吸纳专业人员，成立风险分析小组，按照严格规范的程序工作，确保风险分析结果准确无误。企业应在风险分析的基础上确定风险应对策略，结合风险水平，权衡风险收益。企业应通过结合责任规避、风险降低、风险分担和应对措施等风险应对策略，对风险进行有效控制。

为了制定一个广泛而长期适用的内部控制标准体系，企业内部控制目标的广泛覆盖是必要的。在现阶段，确保财务报告的真实性和可靠性可能是建立企业内部控制体系时需要特别注意的一项任务；但从前瞻性思维的角度看，内部控制目标应更多地着眼于企业的战略和经营效率，并确保企业目标的实现。

基于以上所述，企业内部控制的内容界定为"一套由企业内部利益相关者及其代理人实施的控制措施，以提供合理的保障，实现以下基本目标：企业价值创造活动的合法性和有效性；企业增值分配的公平合理性；信息的真实性和可靠性以及企业价值的创造和交换。"

对内部控制目标的设定和内部控制方法的重要性的研究至少可以在以下领域得到体现：

①内部控制的目的，确定企业内部控制的统一行动方向；

②内部控制的目标可以作为一个联系点；

③内部控制的目标可加强工作人员对本组织的归属感；

④内部控制的目的可以提高控制效率；

⑤内部控制的目的有利于企业规范秩序的建立；

⑥内部控制的目的为评估控制和内部审计的有效性提供了依据。

企业整体控制的目标必须与社会发展和企业发展的目标相一致。就企业内部控制体系的结构而言，至少应符合企业管理目标。一般控制的目标在实践中不能固定，导致僵持，必须根据主体和需要而有所不同。单位的规模和性质各有不同，管制目标各有不同，而某一管制单位的目标亦各有不同，每一个单位都以特定活动为目标。就单位整体控制目标而言，总体目标是控制风险，促进组织目标的实现，这些目标可以根据需要按以下级别分组：

第一层是保证经营活动的合法性和遵守法律法规；

第二层旨在防止错误和疏忽，确保财产的安全，确保会计信息的及时性和可靠性；

第三层是建立符合现代企业制度要求的健全的公司治理结构，建立科学合理的决策机制，提高管理效率，实施发展战略，实现业务目标；

第四层要预防和治理错误和不足，及时采取有效的纠正措施，防范经营管理风险。

其中，第一层和第二层是与会计审计需求相关的控制任务，第三层和第四层是与管理、管理和风险相关的控制任务。内部控制的每一个目标都是相互关联的，不能分开。第二，在管理方法方面，制定内部控制目标可能会更大、更复杂，因为有很多数据需要统计和分析工作。在确定内部控制目标方面遇到的困难主要涉及四个方面：

①如何确保内部控制目标合理；

②如何理解内部控制目标的全面性；

③如何实现内部控制目标；

④区分内部控制目标的经验和科学方面。

第二节　企业内部控制构建的原则

近年来，有关方面曾要求加强企业内部监管，并以不同方式指出，企业可利用专家或中介设立或改善内部监管机制，如何建立企业内部控制体系成为企业的现实问题。目前，在实践中没有任何适用于所有企业的内部控制模式。

有关人员可以根据共性原则，考虑到企业的不同特点，建立内部控制机制。本节论述了建立内部控制机制的原则和程序，以便为帮助企业建立内部控制机制提出一系列基本建议。

完整有效的内部控制体系有利于实现内部控制目标，从而实现企业目标。一个完整而有效的内部控制制度不仅必须符合有关规范的要求，还必须反映其运作的系统性、适当性和预防性。企业在构建内部控制体系时，应遵循以下原则：

一、系统性原则

由于内部控制的范围越来越广，与企业经营者及其经营目标的联系越来越紧密，各组成部分逐渐融入一个单一的、不可分割的体系。因此，内部控制体系应建立在内部控制体系覆盖和协调企业各级的系统原则上，以确保企业管理层有效地融入内部控制体系。

（一）企业组织结构

为了使内部控制体系有效，必须仔细分析企业的组织结构。在现代企业内部的信任关系条件下，表现出不同层次的责任分配。企业责任分配制度包括决策权的分配和监督权的分配两个方面。

（二）权力分配

决策权是分配的，根据决策对企业影响的大小和持续时间，一般分为事务决策权、管理决策权和业务决策权。

1. 事务决策权

企业的经营决策权具有全局性、长期性和战略性。其中主要包括确定或改变企业的经营方向和目标、开发新产品、企业报价、企业并购、开拓新市场、扩大生产能力等。企业对企业事务的决策权一般掌握在高级管理人员手中，如董事会、CEO等。

2. 管理决策权

企业的管理权限是指决定合理配置企业的人力、财力、物力等资源，并对企业的组织结构进行局部性、中期性和战术性的修改。管理决策的制定应为企业战略目标的实现服务。一般来说，企业的管理权力掌握在企业的中级管理层手中。

3. 业务决策权

基于企业一定经营机制的经营决策，解决日常业务，具有浅、短期和日常特点。主要有：供应权、生产权、销售权的日常处理等。业务决策权一般掌握在基层企业负责人手中。

企业的整个控制系统包括监督委员会、审计委员会和内部审计服务。由于审计委员会直接向股东大会负责，其监督的对象是监督企业的董事会和高级管理层，也就是我们常说的对其活动的监督。作为董事会的监督机构，管理层的主要监督责任由审计委员会承担。企业内部审计处主要监督企业内部制度的实施，涵盖企业活动的方方面面，包括企业活动的有效性和效率，企业财务报告信息的真实性、经营的合法性、合规性等。

内部控制体系的构建应体现企业内部不同层次的信任关系，以及由此产生的相互抵消机制，确保企业实现不同层次的目标，以实现企业的长期目标。企业应当根据企业不同的责任等级建立内部控制机制。

二、可操作性原则

能够发挥作用的内部控制体系必须以成本效益原则为基础，充分考虑到企业自身的内部控制局限性。在建立企业内部控制时，应注意以下几点。

（一）全面审查企业特点

内部控制制度必须以企业的实际情况为基础，包括各企业经营所在行业的特点、经营范围等。根据企业的外部和内部条件、职责分工、组织结构、业务流程和客户的不同而有所不同。企业在建立内部控制机制时，首先要考虑企业的内部环境、规模和行业特点、经营战略、成本因素等。

（二）审慎的成本效益分析

建立和实施内部控制机制的费用必须与成本效益相称，也就是说，如果一个国家的内部控制机制不具备成本效益，那么它就不可能实现成本效益。否则，应放弃这项管制或采取其他适当的替代管制措施。

（三）正确理解内部控制固有的局限性

内部控制的缺陷主要表现在执行内部控制职能的管理人员滥用职权；在国内担任不相容职务的人串谋诈骗；内部控制人员的素质不符合要求，内部控制的有效性取决于遵守成本效益原则和内部控制的有效性。

三、预防原则

预防功能主要表现在各种风险的分析和预防上。预防性功能的实施主要取决于企业风险管理机制的建立、内部控制框架的实施和业务活动的组织。

（一）建立风险管理机制

1.风险管理组织结构

针对企业规模、管理水平、风险程度、生产活动性质等特点，在将企业全体员工纳入合作和专业管理的基础上，建立包括风险管理主管和一般专业管理人员、非专业风险管理人员和外部风险管理服务人员在内的风险管理制度体系。这一制度应根据风险产生的原因和阶段，不断进行调整，并确保企业风险管理体系的整体性，通过有效的制度明确界定相互的责任、权力和利益。

2. 风险预警系统

企业建立风险预警系统，通过科学的风险分析进行预测，提醒有关部门采取果断措施。企业风险预警系统的建立将使企业风险管理机构和员工能够密切关注与企业相关的各种内外部因素的变化趋势，分析因素的变化，以期预测企业的潜在风险和风险预警。

（二）实施内部控制制度

实践表明，内部控制确实有效地减少了错误和欺诈案件。因此，在现代内部控制理论中，内部隔离作为相关组织结构控制和职能划分控制的基础仍然具有重要的地位。

（三）业务流程开发

企业经营活动控制在实践中在企业内部控制体系中占有重要地位。对企业经营活动的控制，应当按照经营周期制定，对企业的主要经济业务，应当按照流水作业的内部控制制度和企业的信息系统制定。内部控制干事应分析主要的经济业务，并确定应成为日常管理控制中心的关键控制点。

第三节　分阶段构建内控体系

随着我国市场经济的发展和现代企业制度的逐步完善，内部控制在企业生产活动中发挥着越来越重要的作用。内部控制体系确保企业在快速发展的过程中保持清醒，并在我们允许的范围内专注于风险管理。加强内部控制将确保企业职工合理遵守企业合法经营、资产安全、财务报告和相关信息等基本内部控制规范，提高企业经营效率和效益，完善企业发展战略。

内部控制的有效性取决于内部控制制度的有效性，虽然内部控制的有效性可以通过内部自我评估和外部审计在一定程度上得到确认，但由于不明确，这种评估和确认是事后作出的，逻辑模型在建立内部控制体系时的不稳定性和不可靠性，内部控制体系需求分析的正确性和完整性很难得到检验，而内部控制体系涉及治理结构、组织结构、人文主义、社会环境等诸多社会因素，出现认为不能立即纠正需求分析阶段的错误，影响内部控制制度的建立和实施，而且越早犯下这些错误，纠正的成本就越高。

内部控制系统是一个复杂、包容和投资的系统，即使在某些环节、层次或功能出现问题时，也会降低企业内部控制系统的效率，影响内部控制目标的实现。据证截至2010年12月31日，67家国内外同时上市的公司报告了2011年的内部评估，通过对控制机制内部审计报告和相关数据分析发现70%以上的企业存在内部控制缺陷，这些严重而普遍的缺陷在一定程度上否定了"内部控制制度的有效性"。

在对部分企业建立内部控制体系进行实地调查和深入分析时，发现企业内部控制体系初创时因建立内部控制体系而无效，因此本书对企业建立内部控制体系的决策问题进行了探讨。本书采用规范的研究方法，阐述了建立内部控制体系的基本条件，分析了内部控制体系，设计和实施内部控制体系的错误方法，总结了中国企业内部控制体系发展的理论模型，解读了我国企业内部控制体系构建的"三部曲"，系统阐述了内部控制体系三个阶段的特点、体系目标以及对信息系统和企业管理的要求，建立了以过程为导向的可行性分析体系，为建立企业内部控制体系提供了理论和实践依据。

一、研究框架设计

考虑到企业内部控制系统是一项广泛而复杂的技术系统工程，我们以系统理论为指导，以问题为导向，应用规范研究，并制定了相应的研究框架。

首先，确定研究问题及其研究条件。回顾以往的研究成果，在问题导向的基础上，确定了相关领域的研究课题，企业建立内部控制体系的政策制定，为相关领域的类似和后续研究提供激励力量和参考依据，对科学资源体系的贡献文献积累和知识拓展，并试图激发与内部控制体系设计和实施相关的更深层次的研究。

其次，分析了建立企业内部控制制度的不足，明确了中国企业内部控制制度是在制度实施过程中建立的，研究了我国企业内部控制制度的建立规律。

最后，解读企业内部控制体系构建三部曲，明确以内部控制体系为中心的特点、目标和过程，构建可行性评价标准，使企业结合自身管理水平、信息化阶段，以技术基础和管理基础构建企业内部控制体系，拓展企业内部控制理论研究，为我国企业建立内部控制体系提供实践指导。

二、建立企业内部控制体系

（一）建立企业内部控制制度的基础和前提

以电脑科技为基础的现代资讯科技，使我们现时正处于资讯无处不在、生产活动及其他活动处于资讯科技改变内容的时代。虽然资讯科技会为企业带来资讯及资讯系统的风险，但由于内部管制条例已引入资讯系统，企业在推行资讯系统时，应自觉遵守内部管制条例，使内部管制更方便、更可靠，更有效。

党的十八大提出，坚持新型工业化、信息化、城镇化、中国特色农业现代化，推进信息化和工业化深度融合，其中信息化与工业化的深度融合，要求企业在建立内部控制体系的过程中实现计算机化和内部控制深度优化业务流程和流程管理规则，通过信息集成和内部控制来提升企业价值。

融合深度、信息化程度和管理水平对企业内部控制体系形成的影响明显。企业信息化水平越高，信息系统内置的内部控制规则就越完备，内部控制体系建设的层次和阶段就越高；企业信息化水平相对较低，信息系统内部控制规则不足，不仅不能取得预期效果，而且不符合成本效益原则。企业管理水平和技术基础越高，员工执行内部控制规则的效率越高，容易在更高层次和阶段构建内部控制体系。

（二）企业内部控制制度建立的错误分析及原因

内部控制活动由来已久，在企业建立内部控制体系的过程中，许多企业通过建立和实施内部控制体系，有效防范风险，提高企业管理水平，增强市场竞争力，从而建立了内部控制体系，获得更大的经济效益，提高企业的价值。同时，一些企业由于对内部控制制度的内容和本质缺乏认识和理解，在建立内部控制制度的过程中作出了一系列错误的决定，致使所建立的内部控制制度无效，给企业造成了重大的经济损失。许多企业在内部控制体系建立阶段出现了许多错误，导致内部控制体系在后期失效，主要涉及以下几个方面。

1. 扩大内部控制体系的作用，盲目追求彻底

一些企业认为，内部控制制度的建立和实施将立即给企业管理带来革命性的变革。在内部控制体系建立之初，这些企业试图通过投入巨资，委托"四大"等专门机构构建全面、系统、严密的内部控制体系，并尽可能覆盖企业的所有业务和流程。一方面，内部控制系统的质量非常过剩，不符合成本效益原则；另一方面，在实施阶段内部控制制度的过程中，企业实务部门和催化部门之间经常出现重大分歧、讨论和争议，实施阶段内部控制制度遇到巨大困难和阻力。大多数企业员工缺乏足够的心理素质和相关技能来应对管理方面出现的意外变化和新的工作方法，导致内部控制系统实施小组与业务部门之间产生日常纠纷。尽管只有少数企业能够坚持部分成功，但大多数企业最终还是采用内部控制术语来模拟"初始操作"，甚至以手册、流程图和文档的形式将数千万个内部控制系统投入其中。

2. 忽视内部控制体系的作用，缺乏盲目放权的规划

与那些投入巨资建立内部控制体系的企业不同，其他企业在公司治理中对内部控制体系的实施并不特别重视，只是认为内部控制体系委员会符合要求。这些企业通常没有一个负责内部控制系统的机构，因此对内部控制系统缺乏整体的长期规划。只遵从法律的强制性要求，一些企业如采购、生产、销售、金融等部门采取盲目分散的方式，最终导致内部控制信息与企业不同部门的分散，给信息的最终整合带来了巨大的困难。

3. 内部控制与管理体系的脱节及将内部控制机制纳入公司治理体系的困难

内部控制体系和管理体系必须融为一体，一些企业将内部控制体系与管理体系分开，后者被片面地认为是完全不同的。在设计内部控制系统时，特别强调了内部控制系统的实施，没有考虑到其他管理系统的解密、风险点的选择、风险应对措施的设计和优化等问题。这会严重影响内部控制系统的开发和实施的效率，因为企业在与其他管理系统不兼容或不兼容时可以实施内部控制系统，在任何情况下，执行者都可能陷入困境。

从企业在建立内部控制体系中存在的错误来看，内部控制体系建设失败的主要原因有：①对内部控制体系的本质及其建立各个阶段的特点缺乏认识；

②对企业内部控制与管理关系的错误认识。

（三）建立内部控制制度的三个阶段

内部控制体系的发展表明，企业的管理技术基础决定了企业建立内部控制体系的阶段。内部控制制度符合企业管理技术基础，在企业可以承受的范围内控制企业的风险，合理实现企业内部控制的目标，提高企业的价值。

内部控制体系的建立是一个螺旋上升的过程，在这个过程中，企业不可能建立一个满足当前和未来所有条件的永久性的内部控制体系。内部控制实践的多样性、公司治理理论的快速发展和现代信息技术的飞速发展促进了企业内部控制体系模式、结构和功能的演变。

企业内部控制系统可分为以下三个阶段。

1. 内部控制制度的合法形式

（1）特点和系统目标

这一阶段的内部控制制度具有以下特点：企业处于整个生命周期的进口过程中，企业相对较小，管理基础薄弱。从会计角度看，除了部分工作可以使用电脑自动化和半自动化操作外，文件处理、审计、最终会计、结账等程序更依赖员工的手工操作，会计规则的选择、变更的会计估计等，完全依靠人工专业判断。发薪、摊销等双重劳动仍然是繁重的、机械的、重复的。信息处理的强度、不准确性和及时性以及可靠性需要进一步提高。

现阶段，内部控制体系的目的是使企业建立一个符合监管最低要求的内部控制体系。

（2）信息系统要求

企业的信息系统正处于服务导向阶段，采购、生产、销售等子系统是独立，互不关联，存在着不同的"信息隔离"。例如，会计信息系统的功能主要是会计、报告、发薪等，其目的是以机械设备避免人员工作的重复，以自动化和半自动化计算机系统提高作业效率和准确性。这种信息系统只允许事后分析业务数据，并向个别部门提供有限的管理信息。

（3）企业管理要求

内部控制模块，如采购、生产、销售、储存等由于"信息隔离"的存在，模块之间没有数据交换。因此，一个合法的内部控制系统需要自动化采购、生产、销售、储存等部门的工作流程，以及内部基本数据的一致性。

2. 内置的内部控制规则

（1）特点和系统目标

将内部控制规则引入流程是内部控制体系的第二阶段，其特点是随着进口阶段向增长阶段、企业规模的扩大和企业竞争环境的变化，企业不仅面临着管理水平快速提升的需要，也面临着众多的政治、经营和财务风险，企业对内部控制的内容、手段和方法提出了更高的要求。同时，随着信息技术的飞速发展和大规模网络的建立，金融系统和供应、生产、销售等系统也在不断发展。

现阶段的内部控制制度的目的，是让企业建立一套符合监管制度要求的内部控制制度，随着电脑科技的发展，内部控制规则引入业务流程已不是最终的目标，企业在执行业务流程时会自动实施内部控制规则。

（2）信息系统要求

企业信息系统正处于系统实施阶段，因为它提供了高度的集成，使会计信息系统成为MIS子系统。信息系统为业务、管理和信息活动提供"三管齐下"的服务功能，并通过规划、执行、监测和评价等管理活动，自动记录、维护和报告业务活动，以执行这些业务，如采购/付款、转换和销售/接收。计算机化的业务和管理活动包括内部控制规则，使操作系统数据能够迅速传送给会计和信息系统，并提高内部控制的效率和效力。

（3）企业管理要求

在执行内部控制规则的阶段，当交易的组成部分，如采购、生产、销售、再循环等作为固定资产，由于业务、管理和信息活动的"三位一体"，供应和销售数据库中的人力资源自动转移到总分类账的模块中，系统间的数据表示取代了部门间的文件传输，这就要求企业不同部门的基础数据协调。由于部门之间的协调也是在信息系统内进行的，需要标准化，将部门之间的程序和机构协调，并将其纳入不同的信息系统规则中，例如"贷款的可得性、贷款必须是平等的""资产=负债+所有权"。内部控制系统一旦建立，只有在内部基础数据协调一致的情况下才能有效实施。

3. 全面整合内部控制和管理系统

（1）特点和系统目标

全面整合内部控制体系和管理体系是建立内部控制体系的最终阶段，其特点是随着企业从成长阶段走向成熟阶段，企业之间的竞争日益激烈，并随着企业生产经营管理的自动化而扩展其供应链。内部控制信息的产生、维护和报告都是完全信息化的，虽然企业不仅存在传统的政治风险、经营风险、经营风险、财务风险等，但信息和信息技术也带来了信息风险。内部控制和管理系统完全集成，企业在实施管理系统时应确保遵守内部控制规则。

由于内部控制和管理系统是完全一体化的，所以这个阶段的内部控制目标是使公司管理系统面向成果。

（2）信息系统要求

企业信息系统正处面向决策阶段，该阶段采用了新的体系结构和最新的信息技术。信息系统覆盖企业的所有业务流程和环节，存储前瞻性数据，并支持对各种输出设备、内容和输出方式的需求。信息系统可以直接记录、存储和维护时间、地点、人员、资源、风险等属性。由于这些属性数据对于使用其部门来说是"透明的"，因此信息系统可以支持不同的视角和层次以及不同进程的信息需求。简而言之，信息系统现阶段的重点是如何为提供企业一级的战略决策提供，并提供扩大对外关系相关的信息。

（3）企业管理要求

在内部控制与管理系统全面改造为系统的阶段，应将内部控制系统对企业管理的要求转化为基于操作自动化、流程化和信息系统深度集成的内部控制系统，以提高企业价值。在现阶段，内部控制规则和系统已完全纳入高度自动化的交易处理流程。众多新技术为相关内部控制人员提供了宝贵的内部控制信息，使决策过程更加完善、高效。同时，新技术的广泛应用对各级内部控制管理人员提出了更严格的要求。首先，各级管理人员要无差别地贯彻企业各项管理制度、内部控制规则和有关要求；其次，需要企业各级管理人员对各自业务流程、管理流程和信息流程的控制方式以及内部控制系统在整个企业管理体系中的地位和作用有明确的认识；最后，各级企业领导要了解和掌握计算机技术和分析工具的运用，这些技术和分析工具能够发挥计算机的高精度、实时性和有效性的优势，并利用信息系统获取的信息，执行响应和决策功能。

内部控制体系的上述阶段是由企业内部控制体系对生命周期、企业规模、管理水平和技术基础的需求决定的。最重要的是，企业要从其管理水平和技术水平出发，做好建立内部控制体系的准备，长期规划，为内部控制体系在后期顺利发展奠定基础。

（四）分阶段实施内部控制的可行性分析标准

在总结了内部控制体系形成的实践错误、经验教训，总结了内部控制体系建立的规律性，建立了以过程为中心的可行性分析体系后，企业必须对自身的管理基础、技术基础、信息化水平进行评估，以建立适当的内部控制体系。过程导向有利于企业管理层集中分析和评估建立内部控制体系的困难和风险，为建立内部控制体系做好充分准备。

1. 分析系统组成

分析系统由影响企业内部控制体系形成的内外部因素组成。企业内部因素包括企业内部管理制度和业务流程、员工素质、内部控制制度、现状形成和预算；外部因素主要包括企业的生存条件。

在内部管理体系与企业业务流程完全融合的条件下，内部控制规则的基础、内部管理体系的可靠性、完整性和有效性以及业务流程的严格实施直接决定了内部控制体系的有效性；企业人员是内部控制体系的基础，其质量直接影响内部控制体系建立的质量和速度；内部控制体系的建立是目前企业内部控制体系的现状，说明企业内部控制体系的发展处于什么阶段。包括政治、法律、经济、社会文化和技术条件在内的企业生存条件还包括五个因素：供应商、竞争者、潜在用户、购买者和替代品。

2. 评估示例

以过程为导向建立考评体系，其作用主要是确保"最低标准"、评估难度和战备建设。分析系统提供了一系列严格的"最低标准"，企业如果达不到"最低标准"，就无法在适当阶段建立内部控制体系；确定企业在现阶段构建内部控制体系的难度标准，首先应确定企业在现阶段构建内部控制体系的难度，一般来说，超出"最低标准"以外的其他标准，在这个阶段建立内部控制制度越容易。同时，该分析系统使企业管理人员应全面深入地分析企业管理及其技术条件，全面评估建立内部控制体系的风险，为建立内部控制体系做好准备，以避免因无意的因素而导致内部控制失灵。

为了提高分析系统的可行性，书中确定了各种影响因素的评价课题，企业可以有针对性地进行缩减。

（1）评估内部管理系统和工作流程的主题示例

第一，各部门是否有完善的管理制度；（最低标准）

注：企业内部管理体系的存在是建立内部控制体系的基础。

第二，部门内部管理制度是否得到实施；（最低标准）

注：本标准是建立合法内部控制制度的基础。

第三，有否严格执行部门统筹的管理制度；（最低标准）

注：各部门之间的规范和机构协调是建立内部控制制度的基础，内部控制规则被纳入过程。

第四，企业管理体制是否经常发生变化；

第五，企业是否实现了编码的统一性和一致性；（最低标准）

注：《企业标准规则》是在建立内部控制系统的过程中制定的。

第六，统一内部数据库规范；（最低标准）

注：本标准是建立合法内部控制制度的基础。

第七，是否对客户档案进行管理，是否定期进行客户评估，企业前十大客户是否不断变化，主要客户的信誉如何。

第八，供应商资料是否存档、是否定期评估供应商、主要供应商是否经常变动、主要供应商的信誉有多高，以及是否定期检查、管理及评估供应商提早交货的时间。

第九，企业销售预测方法科学准确。

（2）员工素质评估主题示例

首先，90%以上的工作人员接受了建立内部控制系统的培训；

其次，企业和各级管理人员是否具备内部控制的基本要素、原则和方法；

再次，企业员工具备必要的业务素质和就职技能；

最后，企业员工是否有意愿拥有内部控制体系。

（3）内部控制制度的实施情况和预算评估主题的实例

第一，企业是否有副厂长、副总经理级以上领导负责形成内部控制体系；

第二，企业是否有内部控制机构；

第三，企业是否有长期综合的内部控制体系规划；

第四，企业个别单位是否有内置信息系统、自动执行内部控制规则的内部控制规则；

第五，企业是否存在多个集成自动化内部控制单元；

第六，企业目前使用的信息技术是否会促进内部控制系统的扩展和现代化；

第七，企业是否有建立内部控制体系所需的预算。

注：内部控制系统的预算结构取决于企业规模和行业性质，按预算中活动收入的百分比计算。

第八，在建立内部控制制度时，是否有其他业务、建立内部控制制度的项目来资助和安置人员。

（4）企业环境评估课题实例

第一，市场是否有稳定的行情，营商的风险是否很大；

第二，企业与政府的关系如何，企业在多大程度上依赖地方政府的保护，地方政府有哪些特殊的策略让企业得以生存，以及它们的有效期如何；

第三，企业是否经常违反常规规则，是否经常改变。

内部控制体系的建立是一项复杂而昂贵的系统工程，企业只有按照内部控制体系建设规律，根据企业技术基础和管理基础，选择相应阶段的内部控制体系，才能达到内部控制的目的。

第四节　内部控制设计流程

为内部控制而设计的过程与为内部控制机制的制定者，在有序有效地完成内部控制机制的所有阶段提供了指导。制定内部控制机制的标准化过程应包括规划、设计、试验和改进内部控制机制的各个阶段，并按照下列程序进行。

一、内部控制设计的规划阶段

（一）确定发展内部控制的需要

这是内部控制的目标的定义。企业的内部控制需求如下：

①制定或完善企业的整个内部控制体系；

②企业风险分析与控制；

③改进商业过程或企业活动。

（二）内部控制评估

作为内部控制基础的控制条件，其决定了企业管理的基调和特殊性，为其他控制要素奠定了基础，也为其他要素提供了约束和控制的结构。会计在评估企业的控制条件时，应首先对下列事项作出判断。

①是否存在管理专政；

②为行政管理机构还是家族管理机构；

③公司管治机制是否受到规管；

④内部审计的可信度；

⑤管理模式的成熟度；

⑥管理层是否有违规行为；

⑦擅自取得物资、现金和重要文件的；

⑧企业是否存在文化危机等等。

（三）内部控制费用估计

1.与调查有关的内部控制状况

要求提供关于内部控制的资料，并在文件中提供关于前几年内部控制的管理制度、文件和评价文件的资料。

2.评价内部控制的有效性

将内部控制的现状与内部控制标准进行比较，找出内部控制的缺陷和潜在风险，进一步评价内部控制的有效性。

3.内部控制费用估计

会计在研究和评估现有的企业内部控制制度后，必须对实现既定目标所需承担的控制成本进行初步评估，从而确定在内部控制制度制定阶段应采取的控制措施。

（四）制定内部控制制度实施计划

在确定了内部控制发展的需要，内部控制发展的目标，评估了建立内部控制环境的费用，内部控制的有效性之后，应制定一项包括工作人员在内的内部控制实施计划，时间框架和具体发展活动。

二、内部控制设计的实施阶段

（一）制定公司一级的内部控制

公司内部控制结构应包括公司治理机制；确定公司目标，分析风险及其实现策略；公司组织结构和责任分配机制；评估公司预算和业绩的机制；监督公司分支机构和分支机构的活动；内部控制和监督机制；信息系统管理系统。

（二）建立内部控制机制，确保业务活动之间的联系

业务活动各个阶段的内部控制应包括：业务活动的控制目标、控制机制和业务控制过程。企业所处的行业不同，其经营性质差异很大。例如，在传统业务中，对业务关系的内部控制主要包括销售和收款环节的管理；采购和支付环节的内部控制；生产环节的内部控制；固定资产管理部分的内部控制；货币管理领域的内部控制；财务和担保方面的内部控制；投资环节的内部控制；对相关交易的内部控制；研发领域的内部控制；人事管理部分的内部控制。

在内部控制系统设计阶段初步完成后，应对内部控制系统进行试运行，以评估内部控制系统的合理性和有效性，并在必要时加以改进，使其能够在实践中正常运行。

第五节 企业风险识别方法体系

为了使企业能够在不同职能部门和不同层次的有效运作，管理层必须制定一个共同的风险语言定义，使企业所有风险管理者之间可以相互理解和沟通。有效的沟通往往是提高风险管理效率的关键，缺乏共同的沟通语言将无法有效地理解商业风险。有效的风险管理依赖于公司组织内不同职能之间、不同部门之间以及不同部门之间的信息共享，COSO系统在这一部分已经得到了极大的改进，因此这里只涉及相关的调整和解释。

一、企业风险管理的概念

企业风险管理的本质是，相较于传统的单一风险因素或单一部门的风险管理因素，它"考虑到企业固有的所有风险因素和所有运营服务，以及整个企业的风险管理"。其核心是系统和动态的风险管理，以消除项目实施过程中的不确定性。它不仅提高了风险意识，突出了风险重点，还在有效控制风险的各个阶段和各个方面提供了一个连贯的管理过程。总的来说，企业整体风险管理具有四个特点：

①全面风险管理；

②全球风险管理框架；

③整个风险管理过程；

④全秘书处的风险管理文化。

COSO将企业风险管理定义为一个涉及企业管理层、管理层和其他员工的管理过程，并应用于企业战略的制定以及企业的不同部门和业务，以发现可能影响企业的潜在风险，并在其风险偏好范围内进行风险管理，为实现企业目标提供合理保证。

企业风险管理的定义如下：企业风险管理是指形成有效的风险管理文化，建立有效的风险管理体系，包括风险管理战略、风险管理措施，企业风险管理职能体系、风险管理信息体系和内部控制体系，在企业总体经营目标的范围内，通过在企业管理的各个阶段和经营过程中引入主要的风险管理流程，为实现风险管理总体目标提供合理保证的程序和方法。

这里提出的风险管理是上述理论的延续和发展，是一种新的风险管理理论，其将在企业层面得到应用。

第一，强调过程导向和对环境的依赖，过程各个阶段的风险管理，从薄弱环节入手分析和监控组织的生活状况，提高组织的灵活性（资源灵活性、系统灵活性、文化灵活性、反应灵活性等）。

第二，对系统的组织结构进行了分析，以确定系统对正常事件的敏感度，重点分析了系统本身及其内部结构的缺陷。

第三，基于风险评估过程的概率分析，假设或估计事件和情况的概率。同时，必须明确主观概率和客观概率的区别，对所有概率值进行比较，以确保它们之间的一致性，其中偏好和价格可以起到一定程度的约束作用，因此可以更准确地进行评价。

第四，企业风险管理体系本身存在不确定性，企业风险管理体系是如何根据企业面临的外部环境和不断变化的内部环境不断更新和完善的。

这种系统可以应用于个人和组织的风险决策过程中，从而使个人和组织能够系统地成功地管理其风险，从而实现企业的预期目标：优化组织目标和社会效益。

二、企业风险管理体系框架的构建

巴塞尔协议中定义的内部控制：管理公司董事会、企业内部产生的风险管理以及外部风险管理过程中可能产生的业务风险，确保企业的所有商业活动都符合组织行为，为企业提供的服务。

COSO将内部控制定义为为确保管理层采取风险管理措施而采取的政策和程序。控制活动在企业的各个阶段、各个层次和各个单位进行，包括审批、授权、审核、调整、绩效评估、资产安全和责任分工等。

本书所界定的内部控制制度更接近有关规管制度、程序及措施的内部控制定义，在企业风险管理战略的背景下，通过引入核心风险管理流程，制定并实施业务和核心业务流程管理。它不同于《巴塞尔协议》和COSO的内部控制，它反映在制定和实施的规则、程序和措施中。这一过程涉及内部控制机制和事项。

风险评估系统可分为四个部分：风险、风险定义、风险评估和风险应对。风险是确定企业业务模块、核心业务活动和核心业务流程中可能出现哪些风险。风险定义是对已发现的风险及其特征，即风险的定性描述和定义。风险评估是评估风险对实现企业目标、其价值等的影响。风险应对是指管理层在评估相关风险后，根据企业预期的风险程度，考虑成本效益比，选择可能导致预期机会和后果的应对措施。

内部环境包括影响员工风险意识的组织基调，以及提供信息、纪律和结构的企业风险管理其他组成部分的基础。内部环境主要是指企业内部准备的数据以及外部事件、活动和条件、企业的风险偏好和风险文化、董事会的控制；企业员工的诚信、道德和能力；管理理念和经营风格，以及管理层如何分配权力和职责，组织和指导员工。其中包括：

①内部环境：风险管理原则、风险文化、董事会、道德规范和价值观、能力承诺、管理方法和业务模式、风险偏好、组织结构、责任和权力分配、人力资源政策。

②目标设定：与目标相对应的战略目标、风险容忍度。

③信息和通信：信息系统、渠道和传输系统。

外部环境风险是指由外部因素引起的风险，这些外部因素可能会给企业带来重大损失，或使企业的战略目标难以实现，如资本的可得性、相互竞争的行为和法规的变化等。笔者认为，外部条件变化对企业的影响，一方面是直接适用于企业的策略；另一方面，由于企业风险管理系统的内部环境受到影响，该系统的要素发生了变化，因此没有明确纳入该系统。

虽然从理论上讲，本书探讨了企业风险管理体系的技术问题，但理论与应用在实践中是相互联系、紧密联系的，三个组成部分构成了企业风险管理体系。

三、风险识别

（一）识别和分析公司风险

风险定义又称风险识别，它能确定可能影响企业战略目标和战略成果实现的风险条件、环境、原因和情况，以及危险事件的不利影响，并对概率进行分析评估影响和风险损失的程度。但是，任何风险都不是显而易见的，在大多数情况下都隐藏在战略管理活动不同的环节和方面，以及不同的时期，很难被发现。同时，基本风险理论通过研究各种风险发生的概率和频率，向企业表明风险具有多方面性。企业可以研究战略风险事件的一些规律，以确定其存在，评估其规模，并为战略风险预警和控制奠定基础。因此，确定和评估战略风险对战略管理至关重要。风险识别是一项复杂的工作，需要运用适当的方法和步骤对各种现象进行分析和评估。

（二）身份查验程序

风险识别过程包括对所有可能的风险事件来源和结果进行事实调查、访问和研究。战略一级的风险分析和应对过程。根据COSO内部控制体系和风险管理ERM体系的要求，根据SOX法的应用规则，设计了组织企业风险数据库编制和批准的工作流程。

①确定公司的总体目标。公司内部控制部门根据公司的战略目标和与战略目标相关的中长期发展计划制定公司的总体目标。

②收集同行业公司和其他公司在资本市场披露的公司风险信息。公司风险管理部门和有关部门对同行业经营的公司和其他公司在过去一年中披露资本市场信息的风险进行收集、整理、汇总和分析，找出该行业公司和其他公司披露风险的共性和差异，作为公司风险的背景资料。

③风险识别。公司及有关部门的管理人员，会参考该行业的公司及其他公司的披露风险，与部门首长进行小组讨论及谈话，逐一找出影响公司策略目标的负面因素，影响公司整体发展和声誉的风险。

④风险分析。经验丰富的风险管理人员和企业风险管理组织的有关管理人员根据内部和外部政策因素的变化，审查财务报表中有关风险的可能性、影

响程度、重要性和确定方式，市场价格动态、技术趋势、自然灾害、竞争环境变化、信息系统功能等方面的趋势。

⑤确定风险应对措施并说明相应的应对措施。

⑥将风险纳入企业层面，编写《企业层面风险与应对手册》，提交有关部门审核批准，然后提交风险管理部门审核。

四、企业风险识别的方法

风险是客观事实，其规模与客观风险主体密切相关。企业在其市场经济中所面临的风险的大小是由信息获取能力相当的企业决定的，企业管理者在分析市场信息时可能会"矫揉造作"，从而降低信息不对称带来的风险。因此，企业掌握的信息量及其管理者的分析能力在企业风险识别过程中起着重要作用。但光靠这些是不够的，需要建立一个风险识别预警机制，由专业人员收集信息并进行风险分析，从而建立一个系统有效的风险识别系统，确保企业健康发展。公司治理采用了以下主要风险评估方法：财务报告分析、事件清单法、访谈法、流程图法、情景分析法、专家调查法和风险阈值法。

（一）财务报表分析

财务报表分析以企业资产负债表、损益表、现金流量表、所有者权益表和财务报表附注为依据，每年对资产、负债、所有者权益、资本机构等财务数据变动进行比较分析，反映企业经营状况的各种财务指标，以期从财务角度揭示企业的潜在风险。财务报表是反映企业财务状况和经营业绩的"晴雨表"，它反映了企业活动的全部信息。因此，更仔细地分析财务报表将有助于发现企业管理中存在的缺陷，从而使相关员工能够识别风险。审查财务报表的主要内容包括。

1. 资本结构与配置分析

企业需要"融资"以确保整个企业系统正常运行，企业所需资源的合理配置必然会对其健康发展产生严重影响。对企业来说，既要保证资金的合理筹措，又要保证企业生产中资金的顺利循环。因此，企业必须预留一定数量的资金，以防止企业大量资金滞留在供应链中导致资金流动中断。

2. 财务报表趋势分析

趋势分析是基于对资产负债表和企业连续几年损益表中不同项目的比较分析，确定相关项目金额增减方向，并对变化的幅度和趋势分析，确定企业目前的实际财务状况。例如，通过资产负债表和损益表的对比分析发现，企业的存货数量每年都在增加，资产份额也在增加，但企业的年收入水平保持稳定，说明企业产品销售存在问题，企业经理必须注意的是，库存的积累是于企业生产和销售之间的差距，或者是企业扩张的结果。如果在比较前几年的资产负债表后发现企业的年度负债在增加，企业的偿债能力没有提高，那就意味着企业可能陷入大量负债的境地，需要更多的借款才能生存，并最终陷入债务纠纷甚至清算。这些都是企业在经营过程中容易遇到的风险，通过简单分析报表中数据变化的趋势就可以很容易地发现这些风险。同时，一些更深层次的问题需要通过其他手段来分析报告，其中最常见的是分析企业反映其经营状况的各种经营指标。

3. 财务报表比率分析

比率分析是对财务报表中的若干项目进行比较，以便能够确定反映企业活动的不同指标。常用的系数包括：资产收益率反映企业的资本收益率、企业的偿债能力、存货周转率反映一年的存货周转率等以及流动性和流动速度系数，这是通常反映经济活动状况的指标。每个行业的每个指标都会有一个反映企业平均水平的行业平均值，企业可以通过将其指标与行业平均值进行比较，甚至与该指标的最高值进行比较找出差距。如果差距太大，处于同行业的最低水平，企业应该关注这一现象的成因，以及这一现象是会在整个过程发生，还是会突然发生。如果以前没有发生过这种情况，那么应该考虑企业在这方面是否存在风险。

因此，财务报表是企业生产活动的汇总表，财务人员可以从中获得许多有用的信息，甚至可以发现潜在的风险和损失。但是，这种做法也有其局限性，因为它是以披露为基础的，因此非现金形式的许多问题无法在财务报表中反映出来，例如员工素质、公司制度、管理风格等。因此必须考虑到企业财务报表的说明。报表附注可能会披露某些问题的原因，但并非全部，因此，在采用这种方法确定公司风险时，必须考虑填补空白的替代方法。

（二）事件清单法

被称为标准调查法的事件清单法处理了与同一行业不同企业相关的事件，并根据与某一特定情况下的行业企业（如软件）的可比性编制了此类事件清单，将企业每年用于研发、员工整体技能、员工整体流动性等的资金作为调查对象。

（三）访谈法

访谈法是分析人员工作的一种方法，通过与他们面对面地交流，让分析人员对员工的工作有了更深的了解，其中包括面对面谈话、与同类型员工的小组谈话，以及与管理人员的谈话。在企业风险管理中采用这一方法时，管理人员主要是面试熟悉工作流程的有经验的管理人员，了解并讨论他们的工作流程，并通过制定详细的面试计划来进行面试记录。这种做法的好处如下：

①信息获取更加深入、全面、详细，针对性也更大；

②可以深入受访者的内心，了解他们的心理活动和思想；

③加深对风险发生背景及其影响的广泛决定因素的了解；

④更多的机会让对话者分享他们对潜在风险因素的看法，以及他们对公司活动的宏观知识和看法。

（四）流程图法

流程图法是指细化企业生产经营管理流程，使流程中的每个关键控制点都体现在流程图中。在进行风险程度分析时，管理者可以通过将企业的实际操作方法与每一种方法进行比较，找出潜在的风险和问题。对于出现的问题，如果与图表进行比较，就可以发现其根源。这种方法在内部审计中非常实用，对企业管理有着巨大的作用。

（五）专家调查法

专家调查法是指通过参考专家的专业知识和经验以及他们的专业经验来确定可能的风险及其规模。这种做法在公司治理领域非常普遍，针对性很强。专家调查方法有多种形式，如：总结结论法、德尔菲法等。一般来说，这种方法在以下阶段使用：

①选定目标项目和吸引有关领域的专家；

②专家对目标项目的风险进行专门分析；

③综合专家意见并总结其结果，并提供专家反馈；

④通过总结从专家那里得到的重复信息，对有争议的部分进行重新分析，直至得到满意的结果。

实践表明，专家研究方法是一种非常科学的方法，其在实际生产中的应用效果良好。然而，要取得客观和正确的结果，必须慎重挑选专家。

（六）风险阈值法

企业风险管理系统广泛采用商业企业的风险确定方法，并根据识别结果确定当前风险的大小。它的基础是将当前事件与管理层在风险达到阈值时与预先设定的标准进行比较。企业可以根据不同的标准指标采取不同的风险应对策略，最大限度地提高风险管理效率，降低风险管理成本。

第五章　企业财产物资内控与核算制度体系的构建

第一节　货币资金内控与核算制度的构建

货币资金，又被称为现金，是企业以货币计价的资产，是企业资产的重要组成部分。在企业的全部资产中，现金流动性最强，也最容易被盗窃、挪用等。因此，加强对资金的控制和管理尤为重要。现金可以根据其所在地和用途分为现金、银行存款和其他现金。

现金的概念是具有狭义和广义的。狭义上的现金是指企业持有的现金。广义上的现金是指在不受任何法律或合同限制的情况下，可以立即用于清偿当前债务的现金，包括现金、银行存款和其他符合我国现金定义的证明。根据国家有关规定，各独立单位都有义务在当地银行开立账户。开立银行账户后，企业有义务将超出规定限额的现金存入银行，但仓库持有的现金除外。除可在指定限额内以现金直接支付的款项外，所有在交易过程中进行的现金收支交易，均须存入银行存款账户。

其他货币是现金和银行存款以外的货币。这些资金与现金和银行存款一样，都是企业的现金，但其所在地和用途不同于现金和银行存款的库存。其他款项包括在外国港口的存款、银行的无记名存款、汇票银行存款、信用卡存款、信用保证存款。

一、制定货币资金内部控制制度

制定货币资金内部控制制度的主要要求是将负责货币筹集和转移业务的人员与会计师和负责审批的人员分开。其核心是职能分工制度、控制程序、检查和相关工作责任制度。内部资金管制制度包括以下内容。

（一）基本的内部资金管制制度

1. 授权制度

收入、支出和资金保管由两名或两名以上的授权人员批准；大量资金的支付，由企业授权的机关或者负责人批准。

2. 工作责任制和轮换制

现金交易申请、审批、收支、保管岗位、收支分开，工资单、发票与所需单据分开保管，现金交易负责人定期交替办理。

3. 会计制度

企业应当及时、准确、完整地记录现金交易和现金收支情况。入账的各类资金原则上不得超过一天。企业应确保会计记录的完整性，并制定记录、修改、存储和访问这些记录的程序。

4. 定期检查制度

企业应当定期指定不涉及资金交易职能的个人或者机构（如内部审计机关），监督资金内部会计控制制度的实施。定期独立检查有助于查明目前内部控制方面的缺陷，以便进一步改进内部控制制度。

（二）现金收支内部控制制度

1. 现金收入的内部控制制度

外汇收入内部控制制度的主要目的是确保及时和完整地记录现金收入。具体来说，每一笔营业收入都是用收据来开具的，收据上写着收取对方签发的付款凭证的交易，收据是在收到付款后开具的，以区分经营者和收款人的职能。代理人收到收据时，应当在数量和收款上登记号码和签名；企业在办理现金收入业务时，应当认真核对现金收据，将出具的收据与收据复印件核对，证明其正确无误，并及时予以登记。

2. 内部开支管理制度

内部开支管制制度的主要目的，是授权获得授权官员支出款项，以确保其合理合法。其主要内容是：由现金使用授权机构提前提出现金支付申请，说明目的、金额、支付方式等。获得授权审核付款申请及指明材料的人士，如遭拒绝，授权人须执行特别审批程序（通常由上级授权人批准）付款；经批准的付款申请由专业人士审核，包括有关程序、程序及有关文件是否正确，以及金额是否正确，等等；出纳员按照批准的付款申请办理付款手续。

（三）现金绩效监督制度

1.快速退款控制系统

退款率受从销售企业产品或服务到向客户退款的不同过程环节的影响。企业应加快退款速度，缩短发票准备和寄送时间；缩短从客户到企业的资金交付时间；缩短收款和登记之间的时间。

2.现金递延支付制度

企业在不影响其信贷状况的情况下，可以尽可能推迟应付账款的支付，并充分利用现金。例如，在信用证有效期的最后一天付款，通过商业汇票、托收等方式与供应商结算。

3.超额现金短期投资制度

企业通常可以在三个月内投资过渡期的证券，形成一种"现金等价物"，可以在短期内实现，并从投资中获得一定的收益。

二、货币资金核算系统设计

（一）存货现金核算记录

根据会计准则，企业必须保存现金和银行存款记录，并按交易顺序每天记录。持有现金和外币存款的企业，应当保存详细的人民币和外币账户，并按货币单独开立账户。

1.现金收支核算

企业收到现金时的会计分录为：

借：库存现金。

贷：其他有关科目。

2.现金的清查

企业在一天结束时对现金收支进行结算，进行现金盘点，发现现金短缺的，采取下列措施：

借：待处理财产损溢——待处理流动资产损溢。

贷：库存现金。

待查明原因后，按其原因作如下会计分录：

借：其他应收款（责任人或保险公司赔偿部分）。

管理费用（无法查明原因的短缺部分）。

贷：待处理财产损溢——待处理流动资产损溢。

如发现现金溢余，则进行以下处理：

借：库存现金。

贷：待处理财产损溢——待处理流动资产损溢。

待查明原因后，按其原因作如下会计分录：

借：待处理财产损溢——待处理流动资产损溢。

贷：其他应付款（应归还他人部分）。

营业外收入（其他部分）。

3. 储备金的核算

业务人员，如企业采购人员、文书工作人员等。经常因业务需要而单独承担费用。为减少处理、退款等方面的工作量，本署现正采取措施，以减少因审批、报销、领用等方面的工作量。

定额备用金制度是企业发放备用金供业务人员长期使用的制度，业务人员在规定期限内收回原批准金额的差额后，应予以退述。

企业兑付储备资金时，会计部门应当保存下列记录：

借：其他应收款（或备用金）。

贷：库存现金。

如业务人员使用现金，并在规定时间内向财务部门返还某笔款项，则须补足有关差额。

借：管理费用。

贷：库存现金。

非定额备用金制度是指企业支付的垫款只供业务人员短期使用，收回成本后予以注销，现金不再由员工支配用于业务活动。

企业拨付非定额备用金时，会计部门作如下分录：

借：其他应收款。

贷：库存现金。

业务人员使用现金并报销后，会计部门作如下分录：

借：管理费用。

库存现金（退还的剩余现金）。

贷：其他应收款。

（二）银行存款记录

在我国，银行结算主要按银行汇票、银行本票、商业汇票、支票、汇兑、托收款、托收承付七种方式进行。企业应当按照银行或者其他金融机构的名称，以及存款种类等进行明细核算。企业有外币银行存款业务的，还应当保持外汇"外币存款日志"，记录外汇金额和使用的汇率，结束时，外汇金额应当折算为人民币，并按一定汇率进行登记。

企业定期将银行存款余额与银行对账单进行核对，每月对银行存款余额进行核对，使其与核对结果相一致。银行存款日记账中的余额与银行账户对账不一致的，企业应当查明原因并分别处理。对账不一致可能有两个原因：第一，存在未付发票；第二，企业或银行的会计出现了错误。在审计过程中，如出现报告错误，应查明纠正原因，并建立适当的账户；如因未付款项而出现差额，应逐项进行核对，以使之互相配合，通常是透过银行账目结余地核对。

（三）其他货币的核算

企业应当开立"其他货币资金"账户，并设置具体项目，记录"外埠存款""银行汇票""银行本票""信用卡""担保信用保证金"等资金的收支情况。例如，在开立外埠存款时，企业必须按以下方式办理登记：

借：其他货币资金——外埠存款

贷：银行存款

企业在收到采购地报送的发票、采购发票等单据时，应当按下列方式记录：

借：材料采购

贷：其他货币资金——外埠存款

如果采购地银行将多余金额转入当地银行的结算账户，企业应在银行对账单后采取以下行动：

借：银行存款

贷：其他货币资金——外埠存款

第二节　存货内控与核算制度的构建

存货是指企业在日常生产经营过程中为准备销售而拥有的或者仍在生产过程中拥有的，以及在生产和提供服务过程中将消耗的所生产的材料，包括企业的各种存货、成品，储备各种原料、辅料、包装、低值易损物品等，其中存货属于企业流动资产，一般来说，库存具体包括以下内容：

①原材料，企业生产加工构成主要实体的各类原材料和主要材料、辅助材料等。

②产品，该企业进行未完成的生产，包括在不同阶段加工的产品和已加工和尚未交存的产品。

③自制半成品，指在企业内经过一定生产过程，并已通过检验并存放在半成品仓库，但尚未完成生产，需要进一步加工的中间产品。

④企业完成整个生产过程并入库的成品，可以按照合同规定的条件交给客户，也可以作为商品对外销售。

⑤可转让材料，指企业可以重复使用但不符合固定资产定义、不能确定为固定资产的材料，特别包括包装和低价值易损货物。

⑥包装，指用于包装企业货物的各种包装容器，如桶、箱、瓶、坛、袋等。

⑦低成本、易磨损的物品，例如工具、家居用品、玻璃制品、职业安全用品和包装容器。

值得注意的是，从各种固定资产建设准备金和其他设施中提取的数据，虽然具有一定的存货特征，但与存货的概念不一致，因此不能作为企业的存货入账。企业的特殊准备金和国家指令规定的特殊准备金资产也不符合存货的概念，因此不属于企业的存货。值得注意的是，佣金货物应视为委托人的存货；在销售合同中由卖方确认但未发送给买方的货物，应作为买方的存货处理；买方收到货物但未收到卖方结算单证的，应当将其视为买方的存货；买方确认，所购过境货物尚未入库，应视为买方的存货。

一、存货内部控制制度设计

存货内部控制制度的设计，第一，要保证企业各类存货的安全完整；第二，必须保持各类商品的适当库存水平，以避免因库存过剩，甚至因库存变质而出现资金积压，并防止库存短缺对商品的正常销售或生产造成不利影响。内部存货控制制度主要包括以下内容。

（一）盘存的内部控制制度

1. 职责分工制度

存货采购环节主要包括提交申请、签订采购合同、订货、收货和记账。在存货采购业务中的职位需要分开。这些操作包括：请求中需要采购的库存品的名称、数量应由生产或销售部门、保存人和公开请求的供应商共同制定；采购合同应当与供应商生产或者销售部门、采购部门、财务法律部门共同签订；存货采购人员不得同时负责存货的验收和保管；采购、保管、使用存货人员不得同时负责会计记录；采购人员必须与负责批准付款的人员分开；确保付款人与有偿付能力的人分开；登记应付账款的工作人员应与支付款项的工作人员分开。

2. 采购申请控制制度

为使存货能够应付需求，不致造成积压，在决定存货的采购量时，存货管理处须在日后某段期间内，预先通知存管处其需求，存管处会按可动用存货量计算申请数目，然后提交申请。在存货管理处处长及存货保管处处长批准的申请，亦须经由采购处及财务处确认，以便生效。

3. 订单控制制度

采购实体在对批准的申请下订单时，应首先向多家供应商发出询价，接受询价，提前确定合适的供应商，并通过比较价格、质量、折扣、付款条件、交货时间等相关信息，准备谈判。然后根据谈判结果，签订定货合同和订货单，及时交给从事生产、销售、仓储、财务等工作的有关部门。

4. 货物验收控制制度

在企业订购的货物的到达，应当与采购、经营、会计服务部门分开检查并交付保管。对收到的货物的检查包括数量和质量两个方面。货物按客户订单和供应商发票验收入库后，库房应及时填写好几份收据，并分别交给采购部门和财务会计部门。

5. 应付账款控制制度

在完成由采购申请书、采购订单和收货单组成的收货业务后，会计收到供应商发票原件和发票，证明货物已入库并应付款。在核实这些正本后，库务署须及时记录银行存款增加及减少或应付账款增加的情况。

6. 稽核与对账制度

所有与收货业务有关的文件正本，不论是付款还是应付账款，均须经核数师或核数师审核。此外，应及时、定期与客户核对与货物有关的交易的应付账款，以防止交易人员多报债务，出现欺诈。

（二）存货发放的内部控制制度

1. 存货使用计划申报制度

各部门应在收到物资前制定物资使用计划，并确定物资的准备、检查、批准、实施程序和有关人员的职权范围。该系统包括以下内容：

①对企业编制物资使用计划的部门规定时限、理由和处罚。企业物资保障部门通常根据生产计划、修理计划、组织技术安排计划、人员分配计划、物资消耗状况等制定物资保障计划。

②规定项目内容、填报要求、填报检查人员的职责应当在计划表上签字，一般由物资消耗部门负责人负责审批。

③明确物资使用计划，审批部门的职责权限和审批人员的职责权限，作为职能明确的两个岗位，大中型企业应当设立独立的物资计划管理局，此外还应设立一个计划负责人的职位，负责控制物资的消耗，编制物资配送和采购计划，审查批准企业各部门公布的物资使用计划，并将企业不合理的物资验收要求排除在商业活动之外，还应当建立计划审批权限制度，明确规定计划管理人、后勤部门负责人、企业管理人和管理人的审批权限。不论其各自的权限如何，检查过程均应自下而上，以便能在基层进行监察。

④制定超出消耗限额不得批准的物资消耗限额制度。

2. 物质保障体系

关于实际使用物资的程序和程序、有关人员的权利和义务，应包括下列内容：

①要求在批准的申报计划范围内填报和支付物资，严格限制超额计划和超额收取货物。

②说明项目内容，填写接收材料表格的要求。接收材料的人必须仔细填写接收材料的表格。

③规定审查和核实材料接收文件的责任。物资接收文件由后勤保障部门工作人员填写，其他部门领导重点检查企业是否真正需要。物资计划管理人员应当首先检查计划是否已经申报，并退回不符合计划、没有依据的文件；保管员主要检查程序的完整性、项目填充的正确性以及是否有任何更改。

④确定未来计划和急需的转让的审批和管理程序，并说明批准这些转让的管理层。

⑤企业各单位收到物资后，应当予以妥善保管，防止其灭失、损坏，采取防火、防盗措施，将物资保管责任推给具体人员。

⑥建立物资使用作业制度，明确规定物资倾倒的技术条件、仪器等低价值、易损物资的维护保养方法，以及使用某些物资的具体要求。

⑦建立废旧管理制度，对材料、废品或者出现误送或者使用不当、剩余未使用的材料、收到的劣质材料、陈旧的财产应当及时从库房取出，使用部门不得自行处置。

⑧建立奖惩制度。应鼓励在用材过程中尽职尽责的人员减少用材和废品；因使用时玩忽职守而盗窃、损坏和浪费材料的，将受到处罚。

3. 价值记录制度

该制度是明确价值记录的程序。领料单是记录成本的法定文件，仓库保管员在收货时记录物料规格、财务部门会计簿、计划会计簿、行业计数器记录该部门的消耗性物料。截至月底，各金融服务机构已与计算器、保管人和行业计数器核对账目，以确保这些差额是合理的。

4.成本考核制度

企业要严格区分各部门有关人员的所有物资保障费用，明确收货人、领用人、收货人负责人、仓库、后勤保障方案负责人等。成本指标应与有关员工的工资和奖金挂钩，并与无法完成的目标的附加费挂钩，以保留或减少奖金。

二、存货核算系统设计

（一）原材料的核算

1.原材料收购核算

在企业外购原材料时，材料的仓储和供应的支付并不总是在时间上一致，会计处理顺序也因结算方式和采购地点而异。

如同时收到发票及物料，企业在支付货款或开出承兑贸易汇票后，应按发票等结算单据确定物料的价值，具体如下记账：

借：原材料。

应交税费——应交增值税（进项税额）。

贷：银行存款（应付账款或应付票据等）。

对于已付款或已开具或已接受付款商业汇票但材料尚未收到、存货尚未入库的采购，应以信息技术发票为准。记账如下：

借：在途物资。

应交税费——应交增值税（进项税额）。

贷：银行存款（应付票据等）。

待材料到达、验收入库后，再根据收料单作如下会计分录：

借：原材料。

贷：在途物资。

已交付和入库但未支付发票（如发票）的采购业务按材料的临时价值在月底入账，如下所示：

借：原材料。

贷：应付账款——暂估应付账款。

下月初再用红字冲回，作如下会计分录：

借：原材料。

贷：应付账款——暂估应付账款。

付款或开出、承兑商业汇票后，作如下会计分录：

借：原材料。

应交税费——应交增值税（进项税额）。

贷：银行存款（应付票据等）。

投资者投入的原材料，应按实际成本入账，作如下会计分录：

借：原材料。

应交税费——应交增值税（进项税额）。

贷：实收资本（股本）。

企业接收捐赠的原材料时，要按确定的实际成本入账，作如下会计分录：

借：原材料。

贷：递延所得税负债。

银行存款。

营业外收入。

2. 发出存货的核算

企业生产经营领用原材料时，作如下会计分录：

借：生产成本（制造费用、销售费用、管理费用等）。

贷：原材料。

基建工程、福利部门领用原材料时，作如下会计分录：

借：在建工程（应付职工薪酬等）。

贷：应交税费——应交增值税（进项税额转出）。

原材料。

企业出售原材料时，作如下会计分录：

借：银行存款（应收账款）。

贷：其他业务收入。

应交税费——应交增值税（销项税额）。

月度终了，结转出售原材料的成本，作如下会计分录：

借：其他业务成本。

贷：原材料。

（二）委托加工物资的核算

拨付委托加工物资时，作如下会计分录：

借：委托加工物资。

贷：原材料（库存商品）。

支付加工费、增值税等时，作如下会计分录：

借：委托加工物资。

应交税费——应交增值税（进项税额）

贷：银行存款。

缴纳消费税时，作如下会计分录：。

借：委托加工物资（收回后用于销售）。

应交税费——应交消费税（收回后用于加工）

贷：银行存款。

加工完成收回加工物资时，作如下会计分录：

借：库存商品（原材料）。

贷：委托加工物资。

（三）包装物、低值易耗品的核算

企业应当采购、储存或者委托外企进行包装、低价值、易损产品，直至验收完毕并交付仓库，并按照《流通材料》进行下列结算。

1. 发出包装物的核算

企业生产部门领用的用于包装产品的包装物，计入产品成本，作如下会计分录：

借：生产成本。

贷：周转材料。

与商品一起销售但不单独销售的包装，应计入包装费，并按实际成本计入间接费用，具体如下：

借：销售费用。

贷：周转材料。

随同商品出售单独计价的包装物，视同销售材料处理，作如下会计分录：

借：银行存款（应收账款）。

贷：其他业务收入。

应交税费——应交增值税（销项税额）。

月度终了，结转出售包装物的成本，作如下会计分录：

借：其他业务成本。

贷：周转材料。

2. 领用低值易耗品的核算

常用的低值易耗品的摊销方法有一次转销法、五五摊销法和分次摊销法。

一次转销的低值易耗品在领用时，作如下会计分录：

借：生产成本（制造费用、管理费用）。

贷：周转材料。

报废时，作如下会计分录：

借：原材料（残值）。

贷：制造费用（管理费用等）。

分次摊销的低值易耗品在领用时，作如下会计分录：

借：周转材料——在用。

贷：周转材料——在库。

摊销时，作如下会计分录：

借：制造费用（管理费用等）。

贷：周转材料——摊销。

（四）存货的期末计量

企业存货的数量应当通过盘点确定，通常的盘点方式是实物盘点制度和持续盘点。盘点后，如果实际存款数量少于账户，则必须进行下一个账户，以确保存货的盈亏平衡。

借：待处理财产损溢——待处理流动资产损溢。

贷：原材料（或周转材料等）。

查明原因后，作如下会计分录：

借：管理费用（自然定额损耗）。

其他应收款（责任人赔款）。

营业外支出（上述以外的损失）。

贷：待处理财产损溢——待处理流动资产损溢

经过盘存，若实存数大于存货账面记录，则为存货的盘盈，应作如下会计分录：

借：原材料（或周转材料等）。

贷：待处理财产损溢——待处理流动资产损溢。

查明原因后，作如下会计分录：

借：待处理财产损溢——待处理流动资产损溢。

贷：营业外收入。

在会计核算结束时，企业应当以成本和净值核算可以成为现值的方式对存货进行计量，将成本与可以成为现值的净值进行向下比较，并对存货相应的跌落准备金进行计算，编制如下会计记录：

借：资产减值损失——计提的存货跌价准备。

贷：存货跌价准备。

第三节　投资类资产内控与核算制度的构建

投资资产包括到期前的长期债券投资、待售的长期股票、债券金融资产和无市场报价的长期股本投资。

一、投资类资产内部控制制度设计

投资资产的内部控制制度旨在防范投资决策的风险；保护投资资产的完整性；提供关于投资状况的可靠财务资料；正确计算投资回报。

（一）职能划分制度

投资交易中的职能划分制度主要体现在以下几个方面：

①投资计划的编制与投资审批是分开的，以便审批人员能够客观地分析投资的可行性和合理性。

②投资业务的经营者与会计师分开，以确保交易和会计记录相互核对和控制。

③为确保有效控制会计账簿中证券的安全，证券保管员与会计人员分开。

④投资股息管理人与会计师分开，以确保股息和利息的记录。

（二）投资项目审批制度

鉴于投资活动的风险很大，在投资前必须进行适当的研究及制定投资计划，详细考虑投资收益的对象、理据、种类、数量、时间、组合方案，以及潜在的收益及风险，并在立法机关审议之后才能执行。

1.制定投资项目

企业投资部门在开始投资前，首先要考虑企业自身业务发展的规模和范围、品种、行业、时间、海外投资的预期投资收入，然后对拟投资项目进行调查收集相关信息，分析收集的信息，讨论并提出投资建议，提交企业批准注册。无论是短期投资还是长期投资，都将对企业的未来发展产生重大影响，因此，必须确保所有对外投资业务都按照适当的审批程序进行，并按照这一要求建立职能分工制度，批准对外投资活动主管级别，确定具体的报告和批准程序。此外，为确保在初期严格控制对外投资活动，必须建立投资项目监管制度，如企业投资授权制度、投资部门投资兴趣申请、投资部门投资项目报告制度等。

2.投资项目评估

单位可以委托投资部门或者其他有关单位的中介人设立投资项目评估小组，对已经实施的投资项目进行可行性分析和评估。监察评估的重点有四方面：第一，项目评估小组具有进行这类评估的能力，避免日后出现不必要的法律纠纷。二是评价投资项目是否符合国家有关投资的法律法规，以加强对投资项目合法性的监督。因此，在制定对外投资的内部管制制度时，应充分考虑有关投资的规定和政府有关部门的内部规章，使一切对外投资活动都按照正当程序进行。第三，对投资项目绩效的评估不应局限于某一特定点或时间点，而应着眼于在一定时期内评估其可持续性。第四，要提高投资项目风险评估的效率，企业要评估投资项目内外的风险，加强风险管理，最大限度地降低对外投资风险。

3. 投资项目决策

在对投资项目进行分析评估的基础上，企业决策者可以对投资部门报告的投资项目作出决策。决策的正确性将直接影响企业未来的发展方向、规模和经营活动。因此，企业要想从对外投资中获益或达到其他目的，就需要建立有效的投资决策体系，以解决对外投资可能带来的问题，在投资机会迅速变化的情况下利用有利的发展机会和扩大其活动范围。由于企业经营性质的限制，企业负责人不能充分掌握开展投资业务所需的知识和技能，往往需要银行、投资咨询公司的协助，从而控制对外投资项目的决策，证券经纪、证券交易商等。

为了监测决策结果，必须由不同部门和社会部门的投资专家组成，他们是企业之间的联系。不应依赖企业管理者的投资偏好，而应广泛听取投资部门专家和相关评估小组的意见或建议，重点关注现金流量等几个关键的对外投资决策指标，如货币价值、投资风险等。所有与投资有关的决定均须以书面记录在案，包括投资决策者参考资料、投资项目的预期风险及利润计算过程，并将监察的这些文件进行编号，以便日后审阅。

4. 实施投资项目

在选择最佳投资方案时，企业高级管理层可以委托投资部门或让相关机构参与投资项目，同时要注意以下问题：

第一，投资交易中的职能分工，例如，在投资项目计划制定者和审批人员之间；将处理投资交易的员工与会计师分开；将证券保管员与会计师分开；参与投资业务的人员与负责证券清盘的人员分开。

第二，监管投资业务。从分散投资的原则出发，对一般企业的投资实行多元化，如股票、债券、股本证等。为了及时全面地反映收购情况，外商投资的变化和余额企业投资部或者其他有关部门也应当在企业金融部门对外投资总体核算的基础上，根据投资交易的种类和期限，分别编制外商投资详细登记册，定期或不定期进行核对，以确保投资交易数据准确无误。

第三，控制投资资产的转移。不同的证券可在证券交易所及交易所以外的其他市场自由买卖，证券持有人可随时委托证券经纪或交易商买卖，因此监察投资资产的转让，对防止证券经纪或交易商买卖、投资资产特别重要。

第四，控制投资资产的价值和反映。由于驻外资产的价值往往会受到各种因素的影响而发生变化，为了使这些资产的价值得到合理的估价，并在会计报表中反映出来，企业必须建立内部控制制度，防止个人故意歪曲资产的真实价值，并向报告用户提供虚假的会计信息。

第五，控制投资收益的合理披露。作为企业部分所有者的股东，出于自身利益考虑，企业对企业对外投资收益有合理的认识自然是必要的。此外，政府税务机关应对企业获得的投资收益予以高度重视。因此，企业必须建立内部控制体系，合理确定投资收益的计算时间和方法，以取得投资者和国家税务机关的信任。

5. 投资项目审核

企业应当特别注意对外商投资的内部控制制度的检查，制定专门机构或者专业人员具体负责对外投资项目的检查工作，确保落实外商投资的内部控制制度。投资项目检查的主要职能是，首先对投资项目的实施情况进行总体检查和评估，然后编写一份检查报告，提出改进各种经济业务、内部机构和会计相关工作的建议，以及解决外部投资的内部控制缺陷。此外，企业还可以聘请中介机构或者相关专业人员，对本单位的外商投资内部监管体系的建立、完善和有效运行情况进行评估。经授权的中介人或者有关专业人员应当对委托人已经设立的外商投资实行内部控制。

（三）财务分析制度

投资项目实施后，负责投资的部门和金融机构应当定期或者不定期地分析投资企业的财务状况、证券市场形势等。

（四）投资收购、持有、处置的监管制度

有关各种间接投资所衍生的证券及直接投资，须由指定专业人士妥善保管，以确保投资资产的安全及完整，还需要有关部门主管的批准，该主管登记所有清算文件原件和收到的资金。

（五）投资会计控制制度

投资会计控制系统包括对所有与投资活动有关的交易进行会计控制，如期末投资、利息和股息、投资回报等。企业应当通过适当的记账、会计政策选择等方式，对所有投资交易进行真实、完整、系统的会计核算。

二、投资类资产核算系统设计

（一）长期到期债券的投资记录

到期前持有投资是指固定、固定或可确定的偿还金额，以及企业在到期前持有非衍生金融资产（主要是长期债券投资）的明确意图和能力。

1. 获得到期债券的长期投资

企业根据公允价值的估计，将有关的交易成本作为原始金额入账，如果实际支付的金额包括到期但尚未收到的债券利息，则作为应收账款单独入账。

借：持有至到期投资——成本。

应收利息。

贷：银行存款。

持有至到期投资——利息调整。

或者。

借：持有至到期投资——成本。

借：持有至到期投资——利息调整。

应收利息。

贷：银行存款。

2. 确认实际利息收入、收到票面利息等

借：应收利息。

持有至到期投资——利息调整。

贷：投资收益。

借：银行存款。

贷：应收利息。

3. 到期收回本金

借：银行存款。

贷：持有至到期投资——成本。

（二）记录出售金融资产的长期投资

所出售的金融资产是指在最初确认时被视为可出售的非衍生金融资产，以及金融资产，但下列资产类别除外：负债和应收款；投资保质期前的保管；金融资产，包括股票、债券、基金等的长期投资。

1. 可供出售金融资产的长期投资的取得

初始确认以公允价值计量，相关交易费用计入初始入账价值。

借：可供出售金融资产——成本。

贷：银行存款。

2. 期末确认可供出售金融资产的长期投资的价格变动

借：可供出售金融资产——公允价值变动。

贷：资本公积——其他资本公积。

3. 收取投资收益

借：应收利息（股利）。

贷：投资收益。

借：银行存款。

贷：应收利息（股利）。

4. 出售投资

借：银行存款。

资本公积——其他资本公积。

投资收益。

贷：可供出售金融资产——成本。

可供出售金融资产——公允价值变动。

（三）考虑长期股权投资而不提供市场

无市场报价的长期股本投资包括子公司、合资企业、合资企业和其他类型的投资，期限超过一年（不包括一年）。

长期股本投资的初步评估。

　　长期股本投资在收购时，无论是在分公司合并的情况下，还是在非公司合并的情况下，都按投资的历史成本入账。

　　1. 企业合并后长期股权投资的初步评估

　　在确定企业合并产生的长期股权投资的初始投资价值时，应当区分同一控制下的企业合并类型和非同一控制下的企业合并类型，以确定投资的初始价值，形成长期资本。

　　同一控制下的企业合并形成的长期股权投资。合并后的企业形成合并方的长期股权投资，其价值反映合并方的股权份额。

　　借：长期股权投资。

　　贷：银行存款（或其他资产）。

　　股本。

　　资本公积——股本溢价。

　　不受相同控制的企业合并形成的长期股本投资。在不受同一控制的企业合并的情况下，购买者必须将已确定的企业合并成本视为长期股权基金投资的历史成本，包括购买者的资产、产生的或承担的债务，已发行证券的公允价值及因企业合并而产生的直接相关费用的金额。

　　借：长期股权投资。

　　贷：资产类账户。

　　2. 对企业以其他方式收购的长期投资进行初步评估

　　以现金购买的长期投资应包括实际支付的购买价作为长期股本投资的初始价值，包括购买过程中支付的佣金等必要费用。但是，已公布但尚未支付的已支付价款中包含的现金股或利润被记作应收账款，并不代表长期投资的价值。

　　借：长期股权投资。

　　贷：银行存款。

　　以发行证券的形式进行的长期股本投资，是指已发行证券的公允价值，但申报的现金收益或应从投资单位获得但尚未分配的利润除外。

　　借：长期股权投资。

　　贷：股本。

资本公积——股本溢价。

投资者所作的长期投资，必须包括投资合约或协议订明的价值，作为投资的原值，除非合约或协议订明的价值不公平。

借：长期股权投资。

贷：实收资本。

资本公积——资本溢价。

3. 长期股本投资的后续评估

长期股本投资在20875×的保值期内，应根据投资企业对该投资单位的影响程度和积极市场报价的可用性以及公允价值的可靠性等，按成本或股权法进行核算。

（1）长期投资成本核算方法。

成本法是指除增收或收回的投资外，在不调整长期投资账面价值的情况下，按投资的历史成本计算长期股本投资账面价值的会计方法。按成本法核算长期投资的一般程序如下：

应规定一条"长期股本投资"，反映长期股本投资的初始投资成本（减去实际支付的价格或已公布但尚未发送的现金利润或已包含在价格中的利润）。

借：长期股权投资——XX公司。

借：应收股利。

贷：银行存款。

如果增加投资或收回投资，长期投资的账面价值会随增加投资或收回投资的价值而增加或减少。

追加投资：

借：长期股权投资——XX公司。

贷：银行存款等。

收回投资：

借：银行存款等。

贷：长期股权投资——XX公司（收回投资）。

在保管期内，投资者申报现金股息或利润的分配情况，投资收入由投资者在收到投资者申报的现金股息或利润的部分予以核算。

宣告股利分配方案时：

借：应收股利。

贷：投资收益。

收到现金股利时：

借：银行存款。

贷：应收股利。

投资者宣布的配股股息必须在转让日记录。

（2）长期投资会计法。

长期股本投资的会计处理方法，最初是按投资成本计算的，在其有效期内是按长期投资的账面价值计算的，并根据投资者所有者股本投资比例的变化进行相应调整。投资者必须考虑长期股本投资，这些投资受到普遍控制，对投资者有重大影响。"长期投资"账户应分为"成本""损益调整""其他利益变动"等具体账户。投资企业不再具有对投资单位的整体控制和重大影响的，应当以股息法核算为基础停止长期股权投资，改为成本法核算，包括：

投资者宣布的配股股息必须在转让日记录。

借：长期股权投资——XX公司（成本）。

贷：银行存款等。

非营业收入（如果投资的初始价值低于投资者按其公允价值可确定的净资产份额）。

单位投资当年实现的净利润或净亏损会影响所有者权益的变化，因此长期股本投资的账面价值也需要相应调整。具体而言，如果投资单位本年度的净利润影响所有者权益的变化，投资企业按其有表决权的资本比例，计算其所占份额增加长期投资的账面价值。

借：长期股权投资——XX公司（损益调整）。

贷：投资收益。

对于被投资方当年发生的净亏损，作相反的会计分录。

被投资方宣告分派利润或现金股利时，减少投资的账面价值。

借：应收股利。

贷：长期股权投资——XX公司（损益调整）。

如果投资者承认从投资单位遭受的净亏损中扣除的账面价值，那么长期股本投资的账面价值通常会降至零。如果投资者在以后的时期内获得净利润，投资企业在计算利润份额超过确定的亏损份额后，将恢复超过未确认亏损份额的投资账面价值。

如果由于增加股票投资、接受捐赠等而增加所有者的份额，以及投资单位信托基金向普通资本基金的资金转移、投资企业参与人之间的兑换率，以及因投资单位外币资本成本变动而导致所有者持股比例的变动，投资企业按其持股比例计算，按其持股比例计算，增加长期投资账面价值。

借：长期股权投资——XX公司（其他权益变动）。

贷：资本公积——其他资本公积。

（4）润份额超过确定的亏损份额后，将恢复超过未确认亏损份额的投资账面价值。

借：长期股权投资——XX公司。

贷：长期股权投资——XX公司（成本）。

——XX公司（损益调整）。

——XX公司（其他权益变动）。

银行存款。

资本公积——股本溢价。

追加投资形成非同一控制下企业合并的，应当按照原持有的股权投资账面价值与新增投资成本之和，作为改按成本法核算的初始投资成本。

借：长期股权投资——XX公司。

贷：长期股权投资——XX公司（成本）。

——XX公司（损益调整）。

——XX公司（其他权益变动）。

第四节　固定资产类内控与核算制度的构建

固定资产是指同时主要用于生产商品、提供服务或出租给他人或由企业管理的有形资产；预期寿命超过一年；具有天然形态，可在多个生产运行周期内使用；它的成本是根据累计折旧来分摊的，计入当天的成本，并从销售收入中收回。

由于业务内容、活动范围等方面存在差异。各企业应当按照制度规定的标准，并根据具体情况，编制符合企业实际情况的固定资产清单，按固定资产类别或者种类分类、折旧、摊销。作为固定资产核算的依据，企业固定资产可以根据不同的管理需求、会计要求和不同的分类方式进行不同的分类，主要分为以下几类：

（一）按经济用途划分的固定资产分类

固定资产按经济用途分类，可分为生产经营的固定资产和非生产经营的固定资产。

生产经营的固定资产是在生产经营过程中直接为企业服务的固定资产，如生产经营的房屋、建筑物、机械、设备、仪器、工具等。

非生产经营性固定资产是指不直接用于生产经营的各种固定资产，如宿舍、食堂、浴室、理发店等所用的住房和设备，以及其他固定资产。

（二）固定资产使用分类

按使用程度分类的固定资产可分为固定资产、未使用资金和不适宜使用资金。

所用固定资产是指目前使用的固定资产和非固定资产。暂时终止的固定资产仍然是企业使用的固定资产。

未动用的固定资产是已完成或购买使用的补充固定资产，以及因调整、扩充等而暂时关闭的固定资产。

未使用的固定资产是指企业剩余或未使用的所有固定资产。

一、固定资产内部控制制度设计

（一）职责分工和责任控制制度

在固定资产采购、转移、修理、处置等业务环节，对负责采购、转移、修理、处置的人员，应当与负责审批、保管、支付（收缴）、核算、明确相关职责的人员分开。

（二）固定资产投资监管制度

固定资产投资是企业生存和发展的根本保证，也是企业发展的战略问题。因此，在决定固定资产投资时，必须考虑投资制度，例如决策制度、有关的融资制度、外部制度的限制，以及影响投资决策的主要变数的分析，例如可动用资本的价值和规模、项目的盈利能力等，企业承担风险的意愿和能力，以及研究分析固定资产投资的可行性，在此基础上做出投资决策。

（三）固定资产收购清算监管制度

固定资产验收投产、内部转让、租赁转让、处置、更新等变更，必须经有关机关报送，经审核批准才可以执行。财务会计主管部门应当建立文件流通秩序，确保固定资产验收投产、内迁、出租、报废处置、更新等经批准变更的，及时取得相关原始文件，确定固定资产会计是真实无误。除总账分类外，还应及时适当考虑固定资产增减的变化，并编制固定资产清单、明细表和卡片，使其与账目、地图和科目相一致，及时采取措施清理未使用、不必要或者不适当的固定资产，及时对即将退役的固定资产进行登记，确保其安全统一。

（四）固定资产维修监督制度

对于需要定期维修的生产经营机器、汽车等易损固定资产，必须按固定资产项目，逐案建立固定资产定期维修保养制度，确保固定资产正常运行，有效延长固定资产使用寿命。

（五）固定资产盘存管制制度

要定期进行固定资产清查，及时发现和解决清查过程中出现的短缺、盈余和损坏原因。此外，亦须设立定期（年终）审核固定资产折旧的制度，如发现有减幅，亦须提交书面报告及有关报告。

（六）固定资产折旧控制制度

企业应根据固定资产的特点和使用情况选择适当的折旧计算方法，正确计算固定资产的折旧。

二、固定资产核算系统设计

（一）固定资产增加的核算

1. 购入固定资产的账务处理

不需安装的固定资产，只需将买价、运杂费、保险费及所缴纳税费作为固定资产原值入账，作如下会计分录：

借：固定资产。

贷：银行存款。

需要安装的固定资产，在固定资产购建时，将买价、包装费和运输费记入"在建工程"账户，作如下会计分录：

借：在建工程。

贷：银行存款。

支付安装费用时，作如下会计分录：

借：在建工程。

贷；原材料。

应付职工薪酬。

银行存款。

安装完毕，将"在建工程"转入"固定资产"账户，作如下会计分录：

借：固定资产。

贷：在建工程。

2. 投资人投入固定资产的账务处理

投资者投入的固定资产应按照投资合同或协议价值确定成本，但合同或协议价值不公允的，应按固定资产的公允价值确定，并作如下会计分录：

借：固定资产。

贷：实收资本（或股本）。

资本公积——资本（或股本）溢价。

3. 自行建造，完工验收交付使用固定资产的账务处理

自行建造，完工验收交付使用的固定资产按建造过程中实际发生的全部支出入账，作如下会计处理：

借：固定资产。

贷：在建工程。

4. 融资租入固定资产的账务处理。

以需要安装调试的固定资产为例，支付运杂费、保险费时作如下会计分录：。

借：在建工程。

贷：银行存款。

将发生的安装调试费计入在建工程账面价值，作如下会计分录：

借：在建工程。

贷：银行存款。

安装完毕，将在建工程项目的支出转作固定资产原值，作如下会计分录：

借：固定资产——融资租入固定资产。

贷：在建工程。

定期支付租赁费用，作如下会计分录：

借：长期应付款。

贷：银行存款。

租赁期已满，办理设备所有权转让手续后，作如下会计分录：

借：固定资产——经营用固定资产。

贷：固定资产——融资租入固定资产。

5. 改建、扩建固定资产的账务处理

将经营用固定资产转入未使用固定资产，作如下会计分录：

借：固定资产——未使用固定资产。

贷：固定资产——经营用固定资产。

扩建支出在"在建工程"账户中进行核算，作如下会计分录：

借：在建工程。

贷：原材料。

应付职工薪酬。

银行存款。

未领用消耗材料回收入库时，作如下会计分录：

借：原材料。

贷：在建工程。

改扩建完工，固定资产交付使用时，作如下会计分录：

借：固定资产——经营用固定资产。

贷：固定资产——未使用固定资产（原固定资产原值）在建工程（改扩建工程净支出）。

6. 盘盈固定资产的账务处理

盘盈固定资产作为前期差错处理，在按管理权限报经批准处理前，应先通过"以前年度损益调整"科目核算。

（二）固定资产减少的核算

1. 固定资产转让的账务处理

转让发生时，首先结转固定资产原值和已提累计折旧额，作如下会计分录：

借：固定资产清理（资产账面净值）累计折旧。

贷：固定资产（账面原值）。

收到双方协议价款时，作如下会计分录：

借：银行存款。

贷：固定资产清理。

结转损益时，若转让价高于资产账面净值，则作如下会计分录：

借：固定资产清理。

贷：营业外收入（售价减去资产净值差额）若转让价低于资产账面净值，则作如下会计分录：

借：营业外支出（资产净值减去售价的差额）。

贷：固定资产清理。

2.固定资产报废、毁损的账务处理

转销已报废、毁损固定资产的原值及已计提的折旧时，作如下会计分录：

借：固定资产清理（净价）。

累计折旧。

贷：固定资产（账面价值）。

支付清理费用时，作如下会计分录：

借：固定资产清理。

贷：银行存款。

结转清理残料价值和变价收入时，作如下会计分录：

借：银行存款。

贷：固定资产清理。

收到保险公司或过失人赔偿款时，作如下会计分录：

借：银行存款。

贷：固定资产清理。

结转清理损益，若为净损失，则作如下会计分录：

借：营业外支出——处置非流动资产损失。

贷：固定资产清理。

若为净收益，则作如下会计分录：

借：固定资产清理。

贷：营业外收入——处置非流动资产利得。

3.固定资产盘亏的账务处理

转销盘亏固定资产的原值和已提折旧时，作如下会计分录：

借：待处理财产损溢——待处理固定资产损溢。

累计折旧。

贷：固定资产。

有关部门批准转销时，作如下会计分录：

借：营业外支出。

贷：待处理财产损溢——待处理固定资产损溢。

（三）固定资产折旧

固定资产折旧是指由于磨损、自然资源枯竭、科技进步和劳动生产率提高而造成的固定资产价值的损失。固定资产折旧的主要决定因素是固定资产的原始价值、剩余价值和固定资产清算价值、固定资产的经济寿命以及折旧的计算方法。以下介绍固定资产账户的折旧规模和折旧计算方法。

1. 折旧率

折旧固定资产包括：所有房屋、建筑物；使用机器设备、仪器、专用工具；季节性停用和维修报废设备；商业租赁固定资产；融资租赁的固定资产。

下列固定资产不计入折旧：已折旧但仍在使用的固定资产、使用寿命提前到期的固定资产、出租的固定金融资产和单独核算的土地。

2. 折旧的计算方法及适用范围

折旧主要采用平均寿命法、工作量法、双折旧法、年金额求和法等计算。

"平均年法"是指根据历史成本和预计净剩余价值对预期寿命内的固定资产进行年度折旧计算的方法。这种做法是普遍适用的。

每段期间的折旧计算方法，是根据主要装备使用期内完成的工作量而定。该方法适用于所有会计期间未使用的固定资产、大型专用设备、车辆、飞机和船舶的折旧。

以使用年限会计法作为固定折旧率的两倍折旧率，乘以每年递减的主要装备原始净值和每年折旧的计算方法，减去一倍的余额。这种方法适用于受技术影响较大的固定资产折旧。

年度金额的累计方法是将主要装备的历史成本减去净剩余价值的余额乘以递减折旧。同样的做法也适用于受技术影响较大的固定资产折旧。

3. 固定资产折旧核算

固定资产折旧采用"累计折旧"基础账户.本账户的贷款记录企业固定资产折旧价值的增加，借方记录因转账、报废、注销亏损等造成的固定资产折旧减少。贷款余额表示现有固定资产的累计折旧。

（四）固定资产维修核算

固定资产维修是对运行过程中固定资产的保护和恢复，由于不同部件的耐磨程度和运行条件不同，或者由于使用不当、维护不善或其他事故，不可避免地发生局部损坏。必须及时修复，恢复正常运行功能。固定资产的维修取决于维修规模、维修间隔时间长短、费用大小和平衡程度。可分为大小两种，大修是指对固定资产进行全面维修和部分更新，而旨在恢复固定资产基本功能和维修能力的中小型维修则是对固定资产进行部分维护和维修，以维持其正常的生产功能或维修。固定资产修理费账目如下。﹀

1. 固定资产中小修理费用等费用化的账务处理

中小修理费经常发生，一般将其视为收益性支出，直接计入该月费用，作如下会计分录：

借：管理费用。

贷：原材料等相关账户。

2. 固定资产大修理费用等资本化的账务处理

在发生固定资本后续支出的情况下，企业一般应当准备好固定资产的原始成本、累计折旧和折旧报废，将固定资产的账面价值转入未完成的建设，并在此基础上重新考虑固定资产的原始成本。由于转入建筑工程，折旧停止。在完成后续固定资产支出并达到计划的运行准备状态后，资本金将从正在施工的固定资产转为固定资产，并通过对固定资产历史成本、使用年限、预计净剩余价值和折旧方法的重新评估进行摊销。随后的固定资产资本支出在"未完工建筑"项下入账。

（五）未完成工程的核算

当前建设是指企业固定资产的建设、改造、扩建或者技术改造、设备升级和大修的未完成工程。一般来说，在建工程是"自行"和"合约"进行的。未完工的建筑意味着企业自己购买建筑材料，进行自己的建筑和管理工作。根据合约进行的工程，是指其他工程团体或组织根据合约进行的工程。

资本资产的建造、升级和大修费用记作"未完工建筑"账户，发票是按照建筑项目的规格和从国外购买的消耗品开立的。该账目记录未完成建筑工程的增加费用、工程完成量、使用固定资产完成工程的价值，以及借记及退回工程、借记结余，以反映未完成建筑工程的实际开支。进行的建筑工程账目处理如下。

1. 自营在建工程的账务处理

购入为工程准备的物资时，以其实际成本计价，作如下会计分录：

借：在建工程——工程物资。

贷：银行存款等账户。

领用工程物资，以其领用的物资实际成本计价，作如下会计分录：

借：在建工程——XX工程。

贷：在建工程——工程物资等账户。

在建工程中发生的其他费用，以实际发生额计价，作如下会计分录：

借：在建工程——XX工程。

贷：银行存款。

应付职工薪酬长期借款等。

竣工前支付为工程所借款项的利息费用，作如下会计分录：

借：在建工程——XX工程。

贷：长期借款。

竣工后支付利息支出，作如下会计分录：

借：财务费用。

贷：长期借款。

若涉及外币借款，发生汇兑损失时，在工程交付使用前作如下会计分录：

借：在建工程XX工程。

贷：长期借款——汇兑损益。

若发生汇兑收益，则作相反的会计分录：

借：财务费用。

贷：在建工程一若涉及外币借款，XX工程。

发生汇兑损失时，在工程交付使用之后作如下会计分录：

借：财务费用。

贷：长期借款——汇兑损益。

若发生汇兑收益，则作如下会计分录：

借：长期借款——汇兑损益。

贷：财务费用。

工程完工，经盘点发生盘亏时，作如下会计分录：

借：在建工程——工程物资。

贷：在建工程——XX工程。

工程完工，经盘点发现盘盈时，作如下会计分录：

借：在建工程——XX工程。

工程已竣工交付使用，将在建工程发生的一切费用计入固定资产原值，作如下会计分录：

借：固定资产。

贷：在建工程——XX工程。

2. 出包在建工程的账务处理

发生预计工程款、支付进度款及计算全部工程款时，作如下会计分录：

借：在建工程——出包工程。

贷：银行存款。

工程验收完工，将在建工程发生的费用转作固定资产原值，作如下会计分录：

借：固定资产。

贷：在建工程——已包工程。

若在建工程是大修理项目，在完工验收时作如下会计分录：

借：长期待摊费用。

贷：在建工程。

3. 在建工程报废和毁损的账务处理

在建工程的报废和毁损若在企业筹办期间发生，作如下会计分录：

借：管理费用——开办费。

贷：在建工程。

在企业生产经营以后发生的在建工程的毁损，作如下会计分录：

借：营业外支出——在建工程损失。

贷：在建工程。

4. 在建工程试运转发生的收入和支出的账务处理

在建工程交付使用前，调试运转形成产品并对外销售，应以实际销售收入冲减在建工程成本，作如下会计分录：

借：银行存款。

贷：在建工程。

试运转发生的支出计入工程成本，作如下会计分录：

借：在建工程。

贷：银行存款（或有关账户）。

第五节　无形资产类内控与核算制度的构建

无形资产是指企业拥有或控制的非消耗性资产，这些资产是为生产货物或提供服务、出租给他人或用于管理目的而持有的。无形资产通常缺乏实物形式，使企业在很长一段时间内以使用而不是出售为目的获得经济利益。企业以报酬获得的无形资产将来可能给企业带来经济效益，具有很大的不确定性：一般来说，无形资产包括以下要素：

①专利法。专利是权利人在法律规定的期限内创造发明的专有权和专有权。专利法主体是根据专利法授予专利权的人或者单位，其对象受专利法保护。

②商标权。商标权是指企业在特定商品上使用特定名称、图案、标识的权利。根据中华人民共和国商标法，注册商标被认为是注册商标，注册商会对受法律保护的商标享有专有权。商标权包括独家使用权和禁止使用权. 商标权的价值在于它能使人们享有更大的利润。

③土地使用权。土地使用权是指国家在一定时期内开发、使用、经营国有土地的权利。根据《中华人民共和国土地管理法》，我国土地属于公有制，任何单位和个人不得侵占、变卖或者以其他方式非法转让。

④版权。版权是指作者出版、发行等的专有权。D。版权可以转让、出售或捐赠。著作权包括出版权、签名权、修改权、作品完整性保护权、使用权和报酬权。

⑤特许权。特许权也被称为在某一地区经营或销售某一特定商品的专有权，或者一个企业使用其商标、商标、技术秘密等授予另一个企业的权利。

⑥非专利技术。非专利技术又称专有技术，是指先进的技术、信息、技能、知识等。非专利技术具有经济性、保密性、动态性等特点。

一、无形资产内部控制制度设计

（一）开支预算管制制度

企业的无形资产，无论是国外的还是自主开发的，都需要一定的成本，无形资产为企业带来的经济效益非常不确定。因此，在购置或设立无形资产时，必须仔细研究和确认其可行性，并根据有关的生产和业务策略编制开支预算。

（二）审查会计控制系统

企业在无形资产形成之前，往往面临较大的研发成本，正式收购成本不高。一些无形资产不能单独确定其成本，但可以为企业带来可观的收益。无形资产具有界定和量化的复杂性，因此要求企业按照会计准则、会计准则和企业自身特点，建立严格规范的无形资产会计核算控制体系，确保企业财务信息可靠，并正确计算其经营业绩。

（三）无形资产摊销控制制度

无形资产在每个期间支出中所占的份额直接反映在每个期间报告的财务状况和交易结果上。因此，与无形资产检验登记控制制度一样，企业应当按照企业无形资产的会计准则和特点，建立严格规范的无形资产折旧控制制度，并定期检查无形资产价值下降情况，遇有问题时提交书面报告，以确保企业财务资料的可靠列报和经营业绩的正确计算。

二、无形资产核算系统设计

根据我国企业会计准则，无形资产是指企业所拥有或控制的、非实物的、可以认定为非现金的无形资产，包括专利、非专利技术、商标、版权、土地使用权等。企业收购的无形资产应当按实际成本核算；投资取得的无形资产，按估价确认或者合同约定的价格记账；折旧的无形资产按开发过程中发生的实际费用入账。各种无形资产应当在收益涵盖期内摊销。

（一）无形资产收益的核算

企业主要通过收购、自主创造、对外单位投资、接受捐赠等方式获取无形资产。

1.无形资产购入

购买无形资产时发生的所有费用均记作无形资产的价值，并作以下记录：

借：无形资产。

贷：银行存款。

2.无形资产的创造

企业在研发过程中，通过自主开发，成功创造无形资产，即创造依法成功取得专利权的无形资产，应当作为无形资产予以核算。研发无形资产需要的费用，以及专利申请费用和其他费用，都作为成本入账。开发过程中的这部分费用通常包括在研发费用中，因此必须从研发费用中扣除，作为无形资产的价值，如下所示：

借：无形资产。

贷：研发支出——资本化支出。

银行存款。

或者，只按申请专利的费用确认专利权的价值，作如下会计分录：

借：无形资产。

贷：银行存款。

3.外单位投入无形资产

企业接受其他单位以无形资产作为资本投资的，将合同、协议约定的或评估确认的价值作为投入无形资产的取得成本，作如下会计分录：

借：无形资产。

贷：实收资本（或股本）。

4.购入土地使用权

企业购入的土地使用权或以支付土地出让金方式取得的土地使用权，按照实际支付的价款入账，作如下会计分录：

借：无形资产。

贷：银行存款。

待该项土地开发时，再将其账面价值全部转入相关在建工程，作如下会计分录：

借：在建工程。

贷：无形资产。

（二）无形资产摊销的核算

1.使用年限有限的无形资产折旧

寿命有限的无形资产，应当采用系统合理的方法在预期寿命内摊销。折旧金额是指无形资产扣除残值后的价值。待注销的无形资产也从待注销金额和待注销金额中扣除。寿命有限的无形资产的剩余价值一般应视为零。

借：管理费用。

贷：累计摊销。

2.使用年限不确定的无形资产折旧

如果根据现有资料无法合理估计无形资产的使用寿命，则将其作为一种无期限的无形资产予以核算。对于使用寿命不确定的无形资产，在保管期内不需要折旧，但在每个财政期间都要进行折旧检查。如果减法检验表明发生了减法，则必须规定相应的减法。

借：资产减值损失。

贷：无形资产减值准备。

（三）无形资产转让的会计处理

企业所拥有的无形资产，在经营过程中可以依法以支付方式转让。无形资产的转让有两种形式：无形资产所有权的转让和无形资产使用权的转让。

1.无形资产所有权转让

无形资产所有权转让是指将无形资产的所有权、使用权、收益和处分权全部转让给对方。

借：银行存款。

累计摊销。

无形资产减值准备。

贷：营业外收入——处置非流动资产。

应交税费——应交营业税。

无形资产

2. 无形资产使用权的转让

无形资产使用权的转让，是指转让人不丧失对无形资产的占有权、使用权、收益权和处分权，而是将无形资产的使用权转让给其转让价值为价值的另一方的权利，在转让无形资产使用权过程中发生的费用。

借：银行存款。

贷：其他业务收入。

库存现金。

摊销出租无形资产的成本时，作如下会计分录：

借：其他业务成本。

贷：累计摊销。

应交税费——应交营业税。

（四）无形资产的对外投资核算

企业将无形资产的资本投资于其他单位，合同、协议或者估值中规定的价值计入无形资产投资。

借：长期股权投资等。

贷：无形资产。

应交税费——应交所得税（预计增值应交所得税）营业外收入。

第六章　企业采购与销售业务内控与核算制度体系的构建

第一节　采购业务内控制度的构建

采购业务包括采购货物、维修物资、编制采购计划、订购或采购、验收和入库、贷款结算等。在工业企业中，主要生产原材料、燃料、包装、低值易损品等；在商业企业中，采购主要针对可以销售的商品。无论是工业企业还是商业企业，其用于采购业务的现金都是流动性的组成部分。为了合理使用资金，确保采购活动能满足工业生产或商品销售的需要，采购交易的会计程序如下：

①正确反映所采购材料或商品数量、价值和价格的差异；

②正确组织和结算供应商的贷款；

③确保严格执行采购合同；

④确保采购材料的安全和完整性。

为了满足这些要求在制定采购会计程序时必须考虑到下列内部控制因素：

①采购、采购、验收、付款和物料记录的申请必须由不同的工作人员进行；

②供应商只可根据核准的采购计划就货物名称、规格和数量进行采购，未经许可不得更改其内容；

③采购货物时，应尽可能与供应商单位签订合同，会计部门应参与合同的订立，承兑严格按照合同的品种、数量和质量进行；

④发票价格、运输费用、税款等；

⑤汇款必须通过银行进行，不得以违反支付纪律的任何借口支付现金支

票，除非货物是集体企业或个人购买的；

⑥如涉及采购发票所列金额以外的额外货物采购费用，例如聘用私人看管、装卸货物及途中货物遗失的费用，会计机关应当对其进行审计分析，以确定其合理性和合法性；

⑦控制库存标准，以确保生产需要和节约成本，并防止过剩库存的积累；

⑧应付账款按总分类账分类。

第二节　采购业务会计核算系统的构建

一、采购凭证的设计

采购证明文件主要包括物料采购计划、订购合约、采购申请、入库通知书、收货（交货）收据、退货（交货）收据等。

（一）物资采购规划

企业物资采购计划是确定计划期内保证正常生产所需各类物资的计划。正确的采购规划是在市场上下订单或采购商品的基础，这有利于加强物资管理，加快资本流动。制定采购计划的步骤如下。

1.确定不同产品的需求。通常按以下公式计算：

①一项物资的申请或采购=材料的需求量+计划期结束时的准备量-计划期开始时的存货量-企业内部资源

物资需求是根据物资消耗标准计算的，应当以略高于需要的方式计算；

②确定库存和核准的各种库存标准；

③编制采购申请计划和采购计划。

采购申请计划及采购计划须呈交会计处拟备采购融资计划，并按部门、组别或个人划分，进行采购管理。

企业要严格控制采购资金的使用，建立资金购买限额登记册。每批货物支付的金额记入账簿，反映和控制采购资金的支出，分析采购数量和价格的差异，以便提供选择合理供应单位的信息。超过限额的，会计机关有权停止转账，发现需要进货的原因的，应当经主管管理部门批准。

（二）订货合同设计

实施采购计划，企业必须与供应商签订订货合同：订货合同是供货商与企业双方当事人签订的经济合同。

订货内容要具体，对文字的解释要有把握：订货合同应当特别说明货物的种类、尺寸、数量、质量、价格、交货日期和结算程序、货物的包装和运输程序、质量控制程序以及不履行合同的财务责任。签订合同时，会计部门应当参与合同的签订，并将合同副本留待会计部门自行决定。合同必须提前编号，未经许可，任何人不得获得合同。

订单合同一经签订即具有法律效力，双方必须严格履行贷款义务，违约方必须承担财务责任。当事人对履行合同过程中可能出现的争议问题未能达成一致的，应当由仲裁机构或者经济法院裁决。

工业企业订货合同可分为定期订货、一次性订货和合同订货. 定期订货合同具有长期性和短期性。

在签订订货合约时，必须考虑到合理的订货量和交货时间，以控制公积金的填补情况，提高其周转率。

为此，采购处根据具体分类，对物资进行有针对性的或一般性的控制。以下两种订购表格适用于受特别管制的货物。

①定期订购。这是一种订货方式，按时间固定，按体积不调。计算公式如下：

订货量=每日平均需要量×（订货时间+订货间隔）+保险存货-实际存货-途中订货数量

紧急订单是固定的，易于签订，定期订购，方便生产和需求的结合，确保生产的平衡。

②按数量订购。这是一种按时间和体积固定的订购方式。计算公式如下：

订单项（数量）=每日平均需求×订单时间+保险存货量

按数量订购不会是永久性的。由于这种方法需要不断下订单来补充库存，因此及时向采购处提供库存信息比定期订购更为重要。为此，仓库事务处可在物料规格或物料升降机上注明订购地点及订购量，填妥申请表并送采购部门。

为保证订单的完成，企业应当加强合同管理，后勤部门或者会计部门应当有专人负责合同管理。例如，编制供货合同清单或登记卡，按照品种、规格、数量、交货日期等进行登记。

（三）采购要求草案

采购申请是仓库或负责向采购部门提交采购申请的部门的收据。采购订单必须提前编号，并在发布后由责任部门批准。

如果采用数量订单，仓库部门根据实际材料库存加上订单的运输数量计算有效库存。如果有效库存低于订货点（数量），则填写采购订单签署订单合同，经计划部门批准后发送给采购部门。

如果公司部分车间和部门需要交付计划或特殊材料以外的材料，则使用单位必须按照采购资金计划完成采购申请，经主管人员批准后提交采购部采购，以反映审批控制的要求。

采购申请至少一式两份，一份由采购申请部门保存，以备日后检查，另一份送采购部门。如果需要采购多种材料，可单独附上采购材料清单或详细清单，说明采购材料的名称、规格、数量和质量要求。

（四）收据的设计

收据是一份证明货物已被接收并入库的凭证，用于登记明细账材料。

收据的内容应包括供应商名称、材料名称和规格、计量单位、发票数量、实际收到的数量、单价和质量检验等。

收据必须提前编号。收据可由采购部或收货部填写，以通知仓库的准备和验收，并通知会计部资金准备和交通运输部提货：验收、接收和会计必须分工管理。

收据必须至少一式三份：一份由仓库保存，以记录材料卡片，一份应发送给订约机构，以记录供应合同的注释，一份应发送给会计办公室，以计算材料的实际成本和估计成本，以记录材料采购的子登记。如果未设置物料采购明细账，但月末直接与入库单一起编制物料采购汇总表，则必须在入库单上设置

"实际成本"和"计划成本"列。实际成本计算将包括各种运输、装卸和其他费用。

（五）退货单设计

退货提单是免除经济责任并将货物退回供应商的依据。退货时必须检查合同要求，确定责任和退货范围。货物的品种或规格不符的情况通常是在收货和付款时发现的，退货是全额进行的，供应商没有理由拒绝退货；一般来说，货物的质量普遍偏低，部分或个别货物的质量并不理想，抽查工作往往出错，只是在投入使用时才发现。在后一种情况下，只有在确定生产的原因是部分要求将货物退回供应商之后，才应仔细审查。

退货订单必须一次编辑成四份：第一份作为退货的凭证单据，如果货物已记入卡片，则应在仓库代替，并在卡片上的收益项下；第二份送到会计部计算退款金额，如有杂费，应付远征杂费。退货提货单和货代垫运单应由单位负责人办理，并加盖印章；第三份直接寄给出纳员供应商；第四份作为退货单留下记录。在经济补偿的情况下，采购实体应与供应商协商，通知会计部门，并保存应收款的记录。

二、采购业务处理程序的设计

（一）制定日常采购计划和授标程序

这一程序反映了计划制定和合同授予的过程，即供应商根据生产计划部门的不同生产计划制定采购计划，在批准和批准后与供应商签订采购合同。然后，会计部门根据采购计划和合同编制财务收支计划。

主要流程控制要素：采购合同应当在完成采购计划的编制和批准后签订；会计参与合同的订立.

（二）制定临时采购申请程序

这一程序反映了企业因临时需要进行采购时申请商业处理的过程。企业因特殊业务需要临时进行采购的，由订货人起草申请书，送交供应部门。供应商拟备临时采购计划，在批出后，一方面通知采购人员，另一方面通知会计师，以便他们在计算购买价时进行核对。

主要流程控制要素：临时采购需要许可证；会计部门监督临时采购计划的执行情况。

（三）制定物资采购的审核和支付程序

这一程序反映了企业物资采购中货物检验和核算操作的处理过程。材料发运后，供应商通过银行将材料的发票、运单和提货单送交会计部门。会计部门将其送交供应部门，根据该部门编制收据一式四份，并在与合同核对后通知仓库准备验收，并将其交给工厂内运输服务部门，以便运至车站（码头）。仓库对进厂运输单位的物料进行检查后，对物料升降机进行登记，并将验收收据交给供应部门。供应商重新审核合同，然后将供应商的发票、货代衬垫单和统一订购单交给会计部。会计部门负责人检查合同副本，如果错误再次发生，授权出纳员对货物进行结算。其中，供货商和会计师都对材料、总报表和相关账目进行了单独的记录。

主要流程控制要素：采购材料的验收、核算和支付由个别员工负责；加强运单和合同的核对，确保所购材料的名称、规格、数量和金额正确；货物在仓库材料验收后付款；定期进行账目的实时核对。

三、采购业务记账程序的设计

采购交易的会计处理与结算形式有关，主要是与核对和核实后的付款有关。根据内部会计控制的要求，付款必须在收到货物后进行，但实际上通常是在出示单据的情况下进行。这样做的缺点是，如果商品的品种、规格、数量和质量不符合要求，就会出现被动退货的情况。无论采用哪一种方法，在制定会计程序时都应考虑到账户与货物之间差异的独特性，并选择适当的会计程序。

三项采购交易的会计处理程序如下。

（一）应付账款的充分记录

根据这一方法，所有采购交易在发生时都作为应付账款入账，并在采购日志中记录。这样做的好处是，采购业务大体上是有秩序的，可以控制所有采购金额的支付。根据这项安排，在收到发票后立即付款，为确保资料完整，采购纪录册及应付账款账目在月底前亦包括采购纪录所列的款额及借项，列入总分类账"材料采购"和总分类账"应付账款"，每年按供应商细分采购业务为"应付账款"。

（二）物料采购规格横向登记制度

物料采购明细表是按物料类别，例如原料、辅助物料、燃料、包装、低成本货品及耗材等编制，并按一贯的登记方法，例如收货收据、付款单据等逐项记录，发票等哪些材料在途，哪些是应付款项，等等，它可以取代应付账款的细目，同时按处理顺序提交采购报告，这些报告可以由采购账户取代。

（三）抽单法

通过"抽单"方法，可以进一步简化物资采购登记。为及时反映与客户的结算关系，系统反映材料的采购情况，企业可以要求供应商将收货和付款收据交给仓库和会计机关，仓库内的材料验收完毕后送交会计人员并放入抽屉；在收到供应商的发票后，并将发票送交收银员支付发票，国际金融公司将其放入另一个抽屉。会计部门会定期在这两个抽屉内填上收据编号，如收入与工资单一致，则会显示资金是从两方面收取的。到月底，留在收货人仓库的部分箱子将由未付的编号或供应商发票组成，这些发票可以用应付账款账户代替；付款单中存放付款联盟的抽屉中剩余的部分反映在运输途中的材料上，可用于制定运输途中货物的规格。在采用结账方法时，应考虑到文件存储的可靠性，在设计一系列文件时，应将其添加为检查和控制文件，这些文件应存储在分类账中。

第三节　销售业务内控制度的构建

销售是企业与销售产品或服务有关的经济活动. 贸易业务应涵盖多个部门：销售部门开展日常销售活动；财务部负责记录和收取付款；仓库负责储存存货；信贷部负责检查信用信函并收回贷款。为了保证企业贸易业务的顺利运行和企业资金的安全，必须对买卖业务实行严格的内部控制制度。

一、销售业务的内容

（一）接收订单

买方的订单要求可以由卖方接收，也可以通过传真、信件等其他方式接收，还可以通过将订单发送给现有和潜在的买方。收到客户的各种订购表格后，必须由销售部门进行登记，检查订单内容，确定可以按期交货，准备销售通知，作为履行信贷、仓库、运输、出票和托收等领域相关职能的依据。

（二）赊销许可证

赊销授权书由信贷管理部门按照赊销管理部门的政策，以及每一客户在收到销售通知后的授权信用额度，对新老客户进行区分，对老客户进行信用调查，如果其付款记录良好，订单数量应正常，信贷部门可在批准的信贷额度内进行常规处理；对于新客户，需要通过公司的信贷和金融机构获得相关的信用信息进行信用调查，确定是否可以赊销商品，以避免企业承担不合理的信用风险。贷款部门不论是否涉及赊购，都会签署买卖记录，然后交由销售署处理。

（三）发货

商品仓库在收到批准的销售单后发出货物，并编制连续的批量装运单据（通常为几份），作为仓库和金融部门出具销售发票的依据。

（四）开具销售发票

销售部门或者财务部门应当在客户对订单、销售通知、出库单进行审核后，出具单张销售发票，注明实际发运的数量、品种、规格、单价、金额和增值税。价格根据企业价目表填写，需要特别许可的价格由有关人员确定。销售发票，特别是增值税专用发票，应当事先按顺序编号，并逐个记账。销售发票一式两份，交给客户、仓库、销售、财务，并存放在仓库以供查阅。

（五）保存销售记录

金融机构对销售发票进行登记，区分信用和现金转账凭证或现金、银行存款凭证，根据这些凭证记录销售和应收账款或者现金账户，银行存款账户和经常或定期业务费用的借记账户。

（六）贷款收益的交易

贷款偿还时，应收账款减少，现金和银行存款增加。此外，库务署亦应定期编制及转介应收账款账目，与客户核对，如有出入，应及时找出原因及作出调整。

（七）处理退货转让订单

如果买方对货物不满意，卖方通常同意退货或给予买方一定的销售折扣。在某些情况下，企业还为客户提供一定的现金折扣，以进行宣传，并尽快收回货款。这种交易必须得到主管当局的批准。金融业视客户是否已支付货款，根据贷款通知书，妥善记录销售回扣、回扣及相应减少的应收账款或银行存款。

二、销售业务内部控制的基本要求

（一）销售合同、发票和装运单据必须经过检验批准才能生效

对企业来说，销售合同是其发货、收入核算和保持相关发票的基础。如果这些基本原则的合法性、合理性和可行性得不到保证，那么与商业销售有关的其他相关问题将受到严重影响。因此，在这些重要文件生效之前，必须对它们进行彻底地检查。

（二）发票和发运单据必须按顺序编号，如无编号，则批准注销；

发票和装运单的序列号有助于企业控制和管理与销售有关的货物的装运和接收，因此应被视为内部控制体系的基本要求之一。

（三）销售应当按规定价格进行，未经批准不得修改

企业必须对市场情况了如指掌，对其商品定出合理的价格。价格一经确定，不得随意变动。随意改变销售价格不利于企业对商品销售的检查和控制，可能会因管理上的空白而影响企业的销售甚至损害企业声誉。

（四）收到付款时，应当核对销售合同的名称、数量、价格、金额、存在情况，并与销售合同核对

这一要求既有利于企业的内部控制，也有利于企业形成良好的客户服务观。

（五）残料废料的销售应以一般销售为规管

在出售残料废料时，亦须严格执行一般的销售程序，并检查采购合约、发票及装运单据等重要文件，以及记录其他与交易收入有关的账目、现金或银行存款账目。

（六）在收到退款前，应当批准退款

在企业的实施过程中，销售回流往往发生在企业中，内部回流控制也必须是一个刚性的系统。

（七）办理、寄送、托收的职责分工

在营销业务中，账单、发货、托收不一致。如果不将这三个职位分开，企业销售中的重要环节就不会受到适当的监管，从而削弱企业的内部控制。

（八）应收账款的细目应当与一般核对一致

企业进行促销、减少库存等，经常用于赊销。在企业进行赊销并在应收账款账簿上记录收益的情况下，应收账款往往是企业流动资产的重要组成部分。应收账款的细目与总分类账相一致，以便更好地管理和控制这部分应收账款。

三、销售业务内部控制的具体设计

（一）制定现金交易的内部控制

普通企业的贸易业务可分为现金销售和信用销售。商品销售业务是指企业在销售商品或者商品时取得货款，特别注意货物的清关。如下文所述，现金交易的主要内部控制工具是编制付款单和确定合理的转账程序。

①客户、销售部门在购买商品时，将填写多件订单，注明购买地点、商品名称、规格、数量、价格、金额等。经审核批准后，负责人将收据作为业务的存根，交付货款并验收货物。

②客户凭销售订单向财务部付款。财务部认真审核销售订单后，办理货款催收手续，加盖财务专用章，责任人签字，留一份复印件准备会计凭证，剩余部分返还客户。

③客户凭销售通知单上的提货单将货物交付至仓库。店主检查销售单，

确认付款交易已完成，然后发货，并将发货单留在仓库账户中进行登记。

（二）赊销的内部控制

赊销业务是指公司先办理产品交付，然后在一定期限内收取货款的业务。一般而言，信贷分销业务的内部控制体系不仅应满足上述基本要求，还应适用以下程序和方法：

①严格执行订货制度，强化采购合同作用，赊销业务最好采用订货方式。订单确认后，将其纳入销售计划，作为未来发货的依据，以防止意外发货。

②建立赊销交易审批制度。赊销交易应由财务官批准。未经同意，销售人员不得要求仓库交付货物，以避免因不了解客户信用而造成损失。

③及时登记销售明细账和应收账款明细账。货物出库后，会计部门对销售订单及销售部门下达的相应合同、订单进行检查、核对，确认无误后生成会计凭证，及时登记销售和债务人转帐，充分发挥账簿的控制作用。

④定期检查采购单位的账目，并按照相关规定及时收取款项。必须澄清并及时处理投票期间发现的问题的原因。收款后，应及时登记索赔辅助台账，以确保双方账目的一致性。

四、销售业务内部控制的要点

（一）销售价格和赊销

公司建立销售业务的价格控制体系，制定并实施价目表、折扣政策和付款政策。如果要使用特殊价格，需经指定人员批准，销售人员根据信贷政策决定是否赊销。在特殊情况下，必须提前向审批人提交申请。对于符合赊销条件的客户，审批人员必须签字审批。

（二）合同的订立和货物的发运

卖方接受客户订单后，销售部门登记接受的订单。卖方根据授权与客户签订合同。签订采购合同后，卖方将合同副本发送给财务部。卖方根据采购协议创建多份销售广告，作为仓库、运输、发票、收款和其他相关部门完成其任务的基础。仓库应按照批准的销售通知单发货。交货时仓库必须受到严格控制。保管人未经授权不得向客户交付货物，不得随意交换货物。交通运输部门在检查销售公告和交付证书后交付货物，并确保货物的安全和准时交付。

发货人员不得随意更改已发货的货物。财务部审核了送货单、合同副本和销售发票后，必须准备一份收款单，并向客户收款。公司检查出厂证明、出厂证明和相应的销售发票，确保产品名称、规格、数量和价格匹配。妥善保管公司的销售通知单、送货单、销售发票等单据凭证，特别是加强空白发票的管理。任何部门和个人不得篡改、隐匿、销毁采购合同、销售发票等文件、凭证。

需要注意的是，公司必须用编号的托运单记录货物的装运情况。同时，公司仓库部门定期检查货物。如果库存丢失，会在发货后检查货物是否被盗或未及时登记。如果有库存过剩，检查货物是否已退回，且未及时录入存货账户。

（三）销售记录

各单位在查阅销售文件时应注意以下几点：

①单位指示专人核实发票，主要是核实销售数量是否与客户确认的送货单所列数量相符，销售单价是否与批准的销售价格表相符，发票上显示的折扣率是否与批准的折扣清单相符，发票金额的总计算是否正确。

②单位销售价格表的变更必须经授权人员批准，变更项目必须详细记录。

③公司给予客户的折扣率变更必须经授权人员批准，变更项目必须详细记录。

④及时核对送货单和发票，检查有发票无送货单或送货单无发票的情况。

⑤该部门定期审查销售毛利率。如果毛利率很低，它会检查是否忽略了销售。

⑥本单位应定期审查索赔总帐和分帐，以确定两者之间是否存在差异。如果是这种情况，应确定原因。

⑦本单位根据系统设计开具销售发票时，应注明相应的出库单编号。

⑧公司定期检查当前发票金额的总和是否与总账中销售行的余额相符。

（四）收款及有关票据的管理

销售必须与应收账款分开，销售人员应避免与收银台接触。销售部门应当设置销售办事处计数器，及时反映各类商品的进货、收货和发货情况。

销售部门应当附客户订单、销售通知、客户收据等有关客户购买文件，在进行赊销业务时，必须遵守批准赊销、取得担保和在一定时期内收回货款的原则。卖方负责收取应收款.如在未付还款期届满时，金融业须提交报告，促请销售当局加快追讨。必须拥有与客户有长期联系的客户的完整信息，必须有明确的客户信用评估方法和提供客户信息的表格，客户信息必须不断更新。企业应当按客户名称保留应收账款账户，及时记录每个客户应收账款余额变化、增减额和信用额度使用情况，每年至少向有债务的客户寄发一次。

企业应当建立应收账款到期分析制度和应收账款追收制度。如果未及时收回丢失的应收款，应及时采取补充法律保护程序。企业必须向管理层报告长期未收的应收账款账户，以便管理层核实这些账户是否无望。如果企业出现各种缺陷，必须确定责任并遵守既定的审批和会计程序。

企业注销坏账，应当在记账簿上记录，并在账户上进行。企业应收款的收取、登记和更换，应当由文件保管人书面批准，并定期向票据寄送。会计凭证应当在存货登记簿上登记，以便日后进行管理监督。企业应当有专门人员保管文件，并制定过期文件清算管理程序和过期文件跟踪控制制度。

（五）销售退回与销售折让

企业应当制定销售退货制度和折扣政策.要执行退货和折扣政策，必须获得销售主管的许可。退回销售的货物，由检验部门交收盘点后，应当交付仓库。检验部门对客户退回的货物种类和数量进行检验后，编制多层次发票。红字发票须经核数师批准，会计方可修订营业收入及应收账款结余。

（六）加强对上述管制内容的管制

组织应当建立健全销售和收款业务监管制度，明确检察机关或者个人的职能，定期地进行检查。检查包括以下几点：

①盈亏销售人员的安置情况。重点介绍了销售和托收员工的兼容性和重新规划.

②实施销售业务和应收账款的许可制度.重点是检查合同审批程序是否正

确以及是否存在越权行为。

③销售管理。重点是检查信贷和价格政策是否符合既定程序。

④收入管理。重点介绍了单位应收账款的管理控制机制。

⑤管理销售中的退货和转让. 重点介绍了销售退货制度和折扣政策的实施情况，并验证了货仓退货程序的正确性。

第四节　销售业务核算系统的沟通

为确保有效控制销售活动的各个环节，一方面要设计和实施完善的内部控制体系，另一方面要通过建立精心设计的会计制度，加强各个环节的财务会计机制，使企业的每一项商业活动都能得到验证和记录。在制定销售业务会计制度时，应确保销售增减的变化反映在账目上。

一、销售业务核算系统账户设置

（一）实质性收入账户

主要业务收入主要包括销售商品、半制成品、代用品、装修、工业经营组织等的收入。主要业务收入一般占企业营业收入的很大比例，对企业的经济效益有重要影响。在会计账目中，经常业务和主要业务的收入分别记入"主要业务收入"账下，作为商品销售等业务的收入确认为收入，而借方反映的是销售收入，如有退货或退货，应予以减少，期末结余通常记作经常性和实质性业务收入。

（二）其他业务收入账户

其他业务收入主要包括技术转让收入、材料销售收入和包装出租收入。非经常业务和合并业务的收入分别记入"其他业务收入"账户。"其他业务收入"账户反映被确认为不定期和合并业务的收入，而期末余额通常贷记并反映本期间通过不定期和合并业务获得的收入。

（三）应收账款

应收账款是指企业向买方收取的金额或货运服务的间接费用，如销售产品或提供服务的费用。应收账款通常反映在实际发生的金额上，特别考虑到商业折扣和现金折扣。"应收账款"账户的应收账款记录了应收账款应付给接受服务的买方或客户，以及已到期的转移应收账款。

（四）"应收账款"账户

在我国，除商业汇票外，大部分单据都是定期单据，可以作为现金收取或存入银行，而无须作为应收款入账。因此，我们的应收账款属于商业汇票。我国商业票据的有效期一般较短（6个月），经常性记账不仅困难，而且是周期性折旧，过于烦琐。因此，应收账款通常是按其面值计算的，也就是说，应收账款是按其面值计算的。根据现行制度，利息是在期末收取的。账户的应收账款是指从应收账款中收取的款项，而在期末收取的利息，如涉及利息工具，亦会在转入"应收账款"账户的应收账款中反映出来。

（五）存货账户

存货是指企业仓库、仓库、商店、仓库中存放的商品，包括交给其他单位保管的商品和陈列的商品。"存货"账户的借方是指存放在仓库的货物，以及买方在销售时退回的货物和在销售过程中转移的货物，最终余额通常是借方，以及期末存放在仓库的货物。

（六）核心业务费用账户

"核心交易成本"账户主要用于反映企业在从其核心业务中获得一定收入时必须承担的成本金额。"主要业务费用"账户的借方反映了在期末结转的主要业务收入应支付的费用和在销售资金返还时应收回的主要业务费用金额，期末余额通常是借方反映了主要业务，且必须在本月支付。

二、销售业务核算系统设计

（一）销售收入会计核算制度的设计

1.赊销

企业开展赊销业务时，应当按照有关赊销的原始文件，反映企业通过赊销业务增加的资产，并对这些项目进行贷款，作为"营业基本收入"和"应纳税额"，计及企业因赊销而须计及的当期收入和该项销售业务应缴的增值税金额。

2. 现销

企业实现经营活动的，应当提取"银行存款""现金库存"等资产账户为了反映企业因这次出售而增加的资产，应和赊销一样，将"基本营业收入"及"应缴税款"等项目贷记贷方，以反映企业因出售业务而须确认的现时收入，以及增值税的金额，这项销售交易的应付账款。

（二）期末会计制度设计

企业应当在每个期末（月底）根据仓储服务的原始单据，如仓单，转移当期货物的销售成本。具体的核算程序是，按照银行对账单等原始文件，金融部门借记"基本营业费用"账户反映当期售出商品的价值，贷记"库存品"，反映企业因出售商品而资产减少的情况。

第七章　企业投资与筹资活动内控与核算制度体系的构建

第一节　投资与筹资业务的内控要点认知

资本就是资产，企业所有制，如利息、股息、利润等投资可分为短期投资和长期投资两大类，短期投资为证券投资和其他投资，可随时清算，持有期不超过一年，长期投资为投资在一年内实现，包括股票、债券和其他投资。

融资就是筹集资金。企业从筹集资金开始商业活动，然后为了实现财富最大化，出现了新的融资需求，因此融资和管理成为企业经济活动中需要关注的重要内容。企业可以采用不同的融资渠道，如发行股票（普通股、优先股）、债券（长期债券、短期金融债券、可转换债券）和各种借款（信贷贷款、担保贷款和抵押贷款）。

投资融资是企业财务管理的关键要素，必须建立严格的内部控制体系，保证投资金融活动的完整性、可信度和有效性。因此，企业在制定投资融资会计程序时，必须考虑以下内部控制因素。

一、投资和筹资业务的职务分离

与投资和金融活动有关的下列具体职能需要分开：

①投资及财务计划的制订者与核数师分开，以便核数师能独立评估投资及财务计划的理据。

②负责投资和筹资业务的工作人员与会计师分开，例如从事证券买卖和发行债券或股票的工作人员，他们不能同时履行有关的会计职能。

③证券保管员与会计师分开。投资交易账户工作人员不得从事证券保管工作；在筹款活动中持有未申报债券或股票的员工不负责记录债券或股本。

④参与投资业务的人员不得同时负责证券清盘。

⑤负责收取及核算利息或股息的人士与支付利息或股息的人士分开，并尽可能由独立的金融机构支付。

二、投资和筹资业务的审核控制

投资活动的利润涉及风险，因此企业应加强对投资交易的检查控制。企业应根据投资分析和投资顾问的建议制定投资计划。投资计划应详细说明投资对象、投资理由以及影响投资收益的潜在风险因素。投资计划完成后，必须在正式实施前获得批准。所有与投资有关的决定都应以书面文件形式记录在案，并对其编号进行监测，以便日后检索。如进行筹款活动，企业亦会拟备筹款计划，详列理由、范围、融资安排等。交咨会在接获资助计划后，会聘请法律顾问、银行顾问及其他财务专家，共同考虑资助计划的可行性及合理性，并在可行的情况下，委托财务总监拟备具体的筹款行动细节。

三、有价证券实物的保管控制

在特殊情况下，企业有义务保管证券，将其放在特别保险箱或特别存款中，并确保只有经正式授权的员工才能使用。要进入保险柜或打开保险柜，必须有两名负责保管业务的职员在场，并在登记簿上注明开启该等保险柜的时间及原因，由开启或存放保险柜的人士签署，明确企业的责任，不论由他管理或监督，由其他与投资及金融业务无关的人士定期核对债券。企业承担保管责任的，应当进行实物盘点，将盘点结果记入存货表，并与投资融资规范进行核对。在托管存储的情况下，也会进行定期检查。企业对库房股票进行交易的，应当在库房单独设立股票登记簿，登记其再次收购发行。

四、支付或取得利息、股利的控制

在金融交易方面，企业应加强对利息和股息支付的控制。从事计息业务的员工，应根据票据面值和利率计算应计利息，只有经其他员工审核并经其主管批准后，才可支付利息，企业可发出单一支票，将应付利息的全部金额，委托给金融机构。对股息分配的控制类似于利息的计算。在投资业务方面，企业应当及时记录所得利息和股息。

五、会计记录的控制

在投资业务方面，企业应当制定每种证券的规范，每月编制反映证券投资损益的报告，编制公司应当对债券资产负债表进行集资业务，企业应当对股东进行会计核算，为了有效控制对外发行股票，应定期将各种会计记录与总分类账核对。

第二节　投资与筹资业务记录模式构建

一、投资业务记录的设计

在分散投资原则的基础上，应对一般企业进行多元化投资。在有价证券投资方面，不同类型的证券，例如投资股票、债券等，都是由证券投资基金管理的。要做到这一点，企业需要及时获得各种投资证券的信息，使其能够做出正确的决策，获得投资回报，降低投资风险。此外，为监察证券交易，特别是短期投资交易，防止直接从事该等交易的人士利用其职能，推动私人证券交易，为保障证券的安全，企业应当对证券交易保持详细、完整的记录。此外，鉴于投资形式的多样性以及获得投资回报的时间和方式，企业还应保存证券交易和资金余额的详细记录，以确保企业充分获得所有投资收益，防止将其挪用给他人，防止向报告用户提供不真实的信息。在这方面，企业应当建立一个及时、充分反映证券投资情况的证券登记册。

（一）股票投资登记

股票投资登记簿应当包含下列主要内容：发行人名称；股票种类（优先股或普通股）、代码、面值、发行日期；股票购买日期、股票数量、价格、佣金和税金、购买成本、交易员；收到股息的日期和金额；出售或处置股票的日期、价格、佣金金额及净利润、应收股息；损益。

（二）债券投资登记

债券投资登记簿应当包括：发行人名称；债券类型（国家债券、金融债券或公司债券）、利率、到期日、利息支付方式、购买日期、委托经纪人、收购价格、应收利息、佣金和应纳税额、到期日价值、利息收入金额，贴现或溢价折旧。见表7-1。

表7-1　债券投资登记簿

日期	数量	卖出		买入		损益	应收利息日	利息收讫日	利息现金收入	溢价/折价摊销	实际利息收入
		市价	金额	市价	金额						

表格应填写如下：

购买债券后，企业应注明购买日期和数量，而在"市场价值"项下，"购买"项下注明购买价格，"金额"项下注明购买债券的付款金额。

如向企业收取利息，收数日期与收数年相同。如果债券是通过溢价购买的，则在实际利息收入等于现金利息收入减去折旧后的金额时，将计入折旧；如果购买是以折扣方式进行的，那么借记折旧，在这种情况下，实际利息收入等于现金利息收入和折旧的总和。

如收数日期与应计利息年限不符，应计利息在会计年度结束时按应计会计原则计算，即应计利息的计算方法与应计利息的计算方法相同。由于在财政年度结束时亦出现流动性或折旧问题，实际利息收入会根据应收利息收入调整为折旧（多报）。

企业在出售债券时，应当考虑卖出金额、单位价值和收到的金额以及售出债券的账面价值。

（三）证券投资总结

经营规模较小的投资业务、投资类型较为单一、开展投资业务的企业，不需要上述详细的存货账簿，只需一段时间就能满足企业管理层的需要，包括综合业务清单和盘存清单。此时企业只需编制证券投资汇总表。

二、筹资业务记录的设计

①股本规范：为有效反映、控制企业发行的股票种类及其发行，会计部门应当编制股本报表。

②股东名册：为了有效控制股票在交易所外的发行，企业必须主要通过股东名册对股票持有人进行适当的登记。

③短期和长期贷款报表

④待发行债券清单：企业应当编制待发行债券清单，反映待发行债券的状况，确保到期日得到遵守。

⑤待偿债券折旧（摊销）报表：企业债券可以增发或者折价发行，但应当根据债券的到期日予以注销。为此，企业应当编制增减债券资产负债表.

第三节　销售业投资与筹资业务处理程序的构建

一、制定投资交易处理流程

投资业务分为证券投资和其他投资两大类。其他投资通常是期限较长的实物投资，其特点通常是数额很大，投资内容几乎没有变化。它的业务流程通常从准备投资计划开始，这些计划得到批准和批准。当涉及证券投资、买卖过程等时，企业应考虑到这方面的问题。

（一）证券收购业务流程

在购买证券时，业务流程是拟备股票（债券）投资计划建议书，批出后用作拟备两份合并的购入及购入证券通知书：一份为持有，一份为会计机关批准，另一种是提交会计账目和现金交易；出纳机关根据收到的证券购销通知开立支票，核对并在支票簿上加盖，交给基金公司；收银部门收到证券公司的证券后，根据证券、支票复印件和证券收购通知，编制支付凭证，并对银行存款账户进行登记；监督在证券及有关账簿的盘存登记册上收取及登记付款凭证及有关单据的过程，有以下内容：

①将计划编制功能与审批存储功能分离；

②投资计划获批准，如投资额不大，一般由负责投资业务的经理批准。投资额较大的，须经董事会或者总经理批准；

③在发出支票时，会计处会根据证券收购通知书对支票进行审核；

④定期核对总报表和会计报表，保存单独的分类账和证券库存记录，以核实投资的数量、金额和范围是否正确；

⑤证券清盘业务由与证券业务无关的人员定期进行。

（二）证券销售业务流程

这个过程反映了投资部门在批准证券销售通知书及提交证券经纪办理发售手续后，根据证券市场价格及该单位的投资目标达到的程度，在审核证券销售申请和证券销售通知后进行会计核算。以下是流程管理的主要内容：

①经批准出售证券；

②投资、现金及会计事务处会定期核对证券销售通知书、应收账款通知书及证券销售文件，以确保每一种证券的销售收益均得到妥善处理。

（三）证券投资收益业务流程

这个过程反映了以下处理股票投资收益的程序：会计是根据上市公司的股息分配公告，上市公司的会计记录以及银行转账的应收账款通知和投资收益账户编制的，并将投资收益报表送交投资部门备案。

以下是流程管理的主要内容：

①在编制投资收入报表之前，对有关发票进行核对；

②尚未收到股息的公告理由，应当及时确定；

③定期审核证券投资登记册，以确定不同证券的投资收益是否正常，以及有价证券投资的种类和数量是否与证券投资收益的账面价值类型和金额相符。

二、筹资业务处理程序的设计

（一）股票发行和股息分配的业务流程

1. 股票发行过程

这一过程反映了发行授权、记账、处理付款的过程：公司证券部门正在准备发行申请书，包括财务审计报告、资产评估报告、招股说明书等供证券主管部门审查批准；经主管部门批准后，证券部门在批准的股票金额范围内，授权证券公司出售股票，并签订执行协议一式两份：一份给自己，一份给公司保管；公司股份变现公司股份出售后，将股东出资单和股东名单送达企业证券部门，经证券部门审核后，登记股东名单，并将股东出资报表送交会计部门；会计机关收到证券公司的付款清单和银行收费通知书时，应当编制和登记银行存款日志，并送达证券和有关文件；证券业在股东名册上登记收股，并将收到的及相关文件交由会计机关保管。

对这一进程的监测主要如下：

①股票分配、资金收取和记录；

②核实股票缴费总额和银行收款通知；

③将股东名册上的股东总数与会计报表上公布的发行股份总数进行核对。

2. 股息分配业务过程

这一过程反映了分红业务的审批、核算和支付过程。企业股票部门按照股东大会批准的股息分配方案分配股票，对其进行登记，并编制股息分配清单一式三份：一份按留置条件分配，两份按记账方式分配。会计处在收到股息分配报表后，会审核及记录有关股息的详细账目，其中一个账目会交予存管处，另一个账目则会交予收款处。收银部门在收到经审核的股息分配清单后，会将支票连同清单一并发出，以联交所的名义邮寄支收股息，并编制银行存款登记支票、付款凭证及支票副本予会计处。会计部门审核应付股息数据，并将股息记入股息盘存表的日期通知基金部门，并定期进行账目核对。

以下是流程管理的主要内容：

①分立发行、登记股息的职责；

②股息分配清单与股东名册上的股东名单相对应；

③核实股息支付与应付给股东的金额是否一致。

（二）债券发行业务流程

这一过程反映了债券发行收益的审批、核算和处理过程：为公司证券部门准备申请，包括公司章程、可行性研究等。经批准后，企业委托证券公司发行并签订实施协议，一式两份，以自助方式办理，一式以证券发行公司名义办理；债券发行后，证券公司将其送交企业证券部门，以便包括债券应付账款报表，并送交会计部门；会计机关收到证券公司的付款清单和银行收费通知书时，应当编制和登记银行存款日志，并送达证券和有关文件；证券在发行之日在应缴债券说明书上登记，并转入会计处理。

以下是流程管理的主要内容：

①分配发行、接收和登记债券的责任。

②核对工资单，按债券分列应付账款，并核对银行付款单上的金额。

（三）银行贷款业务

银行借款的具体过程是，企业的金融部门根据生产过程中出现的融资需求，编制和批准贷款申请；银行根据行业和贷款要求以及国家的其他相关政策，认真审核企业的贷款申请；申请批准后，银行与企业签订贷款合同一式两份，其中一份由银行持有，银行根据合同进行具体的借款业务，转账资金，另一份由企业保存；当借入资金进行登记时，金融和会计部门除其他外，根据银行的收款通知和借款合同进行记录。

以下是流程管理的主要内容：

①银行贷款的批准、收款、记账应当分开办理。

②借款合同须经主管管理部门批准.

③核对银行收货通知和借款合同金额。

第八章　企业内控制度体系的监督、评价与创新

第一节　内部监督的组织架构及监督方式

一、内部监督的组织结构

内部监督是一个在一定时期内对内部控制系统运行质量进行评估的过程，其目的是进行跟踪，监督和规范企业的整体内部控制体系及其运行，以发现控制体系中的缺陷和不足，确保持续有效的内部控制。因此，内部监督是内部控制制度的一个组成部分，是有效实施内部控制的可靠保证，具有重要而重要的意义：它能发现内部控制制度的缺陷，完善内部控制体系，有利于提高企业内部控制的效率和合理性；提高企业内部控制效率；是外部调节的有力支撑；可以降低代理服务成本，保障股东利益。

不同的公司治理模式有不同的内部监督机制，不同内部监督机制下的内部监督组织结构也不尽相同。

（一）我国的内部监督机制

1. 监督委员会

按照1994年实行的德国公司治理模式，我国现代企业制度建立之初就明确规定上市公司应当设立股东会、董事会和监督委员会（以下简称：监事会）。董事会和监事会由股东大会选举产生，并对其负责。理事会是一个业务执行机构，在经营业务方面具有决策职能；审计委员会是经股东大会授权、代表股东利益、监督董事会和管理人员的专门、独立的监督机构。新修订的《公司法》第五十四条明确了监事会的权力如下：

①检查公司的财务交易；

②监督董事、高级管理人员履行公司职能的情况，对违反公司法律、行政法规、章程或者决定的董事、高级管理人员提出撤职建议；

③要求董事和高级管理人员在董事和高级管理人员的行为损害公司利益时采取补救措施；

④召开临时股东大会，如果董事会不履行本法规定的召集和召开股东大会的职责，临时股东大会应当由监事会召集和主持；

⑤向缔约方会议提交提案；

⑥根据本法第一百五十二条对董事和高级管理人员提起诉讼；

⑦公司章程规定的其他权利。

因此，监督委员会的存在，是《公司法》所规定的法律依据。但从目前的做法看，审计委员会并不独立：一是由于我国多数股份公司的主要出资人仍然是国有或者国有法人，股东主要选举国有资产或者国有法人的代表，因此审计委员会成员往往被迫服从大股东或董事长，而不是中小股东。第二，上市公司的董事局成员大多是企业的雇员，在工作上必须服从董事，令董事局和管理阶层的工作难以得到有效的监察。缺乏独立性，可能会令监管者难以在效率与权力制衡之间取得平衡，以及在履行监察职能方面，导致监管者在执行监察工作时，出现错误的情况。

2. 审计委员会

为完善上市公司的管理结构，促进企业监督监管机制的健康发展，提高上市公司会计信息质量我国证监会和国家经贸委于2002年1月7日联合发布《中国上市公司治理准则》，要求上市公司董事会设立审计委员会，由多数独立董事组成并担任召集人，至少有一位独立董事是会计师。准则第五十四条规定委员会的职责如下：

①提议、聘用或更换外聘审计员；

②监督公司内部审计制度及其实施；

③负责内部和外部审计之间的沟通；

④核实公司财务资料及其披露情况；

⑤检讨公司的内部控制。

设立审计委员会是为了监督企业在财务领域的会计行为和财务报告，以确保企业在国外提供的会计信息的真实性和真实性。从理论上讲，在产权与营业权分离的现代企业中，委员会可以通过全面公正的信息披露，建立企业经营活动的平衡与监督，让理性的投资者对企业的行为作出有根据的判断，选出一位能够代表他们利益的公司经理。

（二）国内企业内部监督机构的组织结构

一般来说，内部审计机构是在内部监督制度下运作的执行机构。

①财政和会计部。如果内部审计机构的主要职能之一是审核财务资料，那么财务会计部就是审计对象，而在财务会计部的领导下建立内部审计机制，难以确保内部审计的独立性。

②隶属于纪律检查委员会或监察组。纪委有权监督企业履行相关职能，纪委是负责党内监督、服从行政监督、服从纪委内部审计或检查的专门单位，这可能导致企业的治理出现分裂，政治行为能力和内部审计职能不明确。

③总经理是公司的高层经营管理者，直接对董事会负责.内部审计机构向总经理报告，便于提供业务管理服务。同时，这种结构将确保内部审计机构和财务处等职能部门相对独立，并在一定程度上保持内部审计的独立性和高水平，从而在内部审计中对其进行有效的评价和监督。但是，这种结构不允许内部审计机构监督总干事的决策和经济行为。此外，总经理所属各部门开展的许多活动都是按照他的指示进行的，并对其进行检查，内部审计机构对这些活动的监督可能在一定程度上受到限制和阻碍，导致审计范围相对狭窄，有限的审计工作和对内部审计事务正常运作的不完全确认。

④监督委员会的职权范围。审计委员会是公司的监督机构，由股东和职工代表组成，主要监督董事、经理履行职责时违反公司法律、法规或者章程的行为。设立一个内部审计机构作为监督机构，可以提高内部审计机构的地位和独立性，但其监督、咨询和服务职能很容易被忽视。

⑤董事会的职权。董事会是公司的决策机构，直接向股东大会负责.在董事会的领导下建立内部审计机制，将有助于保持内部审计机构更独立、更高的地位，并有助于与管理层的沟通、评估和监督。但是，如果所有决定都是在安理会集体讨论的基础上作出的，安理会每年只举行几次会议是不够的，这将使日常报告工作更加困难，并使常规审计工作更加困难。因此，审计委员会可以

在董事会的主持下成立，董事会负责与立法机关一起管理内部审计，包括批准内部审计主管的任免、内部审计服务的工作时间表、工作人员培训计划，审查和核准支出预算，并与决策者一起审查本组织内部审计员的工作。

二、内部控制的监督方式

（一）内部监督的形式

企业应加强对内部控制及其应用的控制，特别是通过日常监督和专项监督，以及两种方式的有机结合。企业应当制定有关内部控制审核的相关法规，确保内部控制体系可靠高效运行。

1. 日常监督

日常监督是指企业对内部控制机制的建立和实施进行定期、持续的监督。日常监督的一般方法包括取得资料，以判断日常生产活动内部控制的结构和运作；获取与外部利益相关者互动过程中内部控制机制的设计和运行经过验证的信息；获取在员工沟通过程中有效实施内部控制的证据；通过将会计记录与有形资产检查相比较，不断监控资产安全；通过内部审计活动不断监测内部控制的有效性。日常监督要与企业日常经营活动相结合，融入企业经营过程和日常经营活动。对发现的内部控制缺陷应及时提请有关方面注意，并提出解决方法。

2. 专门检查

特别监督是指在企业发展战略、组织结构、经营活动、业务流程、关键官员等发生较大变化或变化的情况下，对内部控制的某一方面或某一方面进行有针对性的检查，一般与个人评价的概念相一致。企业应当定期制定专项内部控制计划，确定本专业监督的内容和对象。专项监管的范围和周期性应由企业根据日常监管的风险评估和有效性来确定。对在风险评估中确定为重要的内部风险控制机制以及对核心业务进行专门监督，应作为优先事项。特别监督发现的问题，应当及时提请有关方面注意，提出改进内部控制和监督改进的意见和建议。

专项监督必须与日常监督有机结合，日常监督是补充日常监督的专业化监督的基础。如果任何特定的监督需要持续的监督，那么企业必须将其纳入日常监督。

（二）内部控制的外部监督

1.有关监督机构的内部控制范围

我国的指导方针和内部控制规范是由政府各部门制定的，受我国特殊的公司治理制度的制约。在我国，国家财务委员会管理大中型企业；监察上市公司的披露情况；财政部监督全国所有企业的财务会计活动，负责制定会计准则和制度；审计署负责监督全国各地的审计工作，并负责制定审计标准；金管局负责在其行业内的企业内建立内部控制机制，并监督评估工作。许多企业都是由多个监管机构管理的，这一方面增加了监管机构的工作量，另一方面导致了多重监管，削弱了它们的信誉。但是，如果只由一个监管机构来控制内部控制，那么其能力就太弱了，监管机构建立互动机制势在必行。

《企业内部控制基本规则》要求有关管理机构对企业内部控制的建立和实施监督，内部控制的目的是确保企业活动、资产安全的法律法规得到合理执行，财务报告和有关资料，提高其活动的效率和效力，并促进企业和全世界的发展战略。因此，内部控制并不局限于内部控制财务报告以达到保证财务报告真实性的目的，而是涉及整个企业的内部控制。

此外，有效的内部控制的重点是不同的监管机构，例如审咨会，审咨会可以更加重视内部控制和风险管理，以确保政府资产的完整性；财政部则把重点放在所有企业的内部控制上，但更加强调内部控制，确保信息的可靠性和法规的执行；开发计划署对全面内部控制的效力表示关切；证交会的重点是上市公司内部控制的有效性，以及从披露和遵守合法性的角度探讨内部控制的有效性；金管局特别关注在其职权范围内改善公司的整体内部控制，以及研究其运作的效率和成效。

2.有关监督机构的内部控制内容

在加强有关监管机构的监管时，重点是打击欺诈行为，以公共利益为导向，提高企业管理水平和防范风险能力，促进企业可持续发展，维护社会主义市场经济秩序和公共利益。现时证监会的监察工作，主要集中在加强对上市公司的外部控制和内部管制；对注册会计师内部控制评估职责的监督，主要依靠中国注册会计师协会的检查。我们的监管机构必须依靠风险，从保护投资者利益入手，重点监管以下几个方面。

（1）企业管理中的问题

虽然没有发现企业管理中存在的问题，但这并不一定意味着企业内部控制是有效的，一旦出现企业管理中的问题，就可能存在缺陷。因此，相关监管机构可以通过关注企业管理中的问题来确定监管力度和措施。

（2）企业内部控制自我评估报告

有关法例要求企业提交内部控制自我评估报告，有关监管机构应知道是否及时提交该等报告，是否符合有关的披露规定，内部控制自我评估报告中所载的建议，以及这些建议是否充分反映了内部控制的状况。

（3）注册会计师内部控制评估报告

在评估企业内部控制自我评估报告的有效性时，应将注册会计师的审查结果与企业内部控制自我评估报告的结论进行比较，以确定企业内部控制的有效性。

（4）查明和分析内部控制方面的缺陷

有关监管机构不仅要依据企业内部控制评估报告和注册会计师的内部控制审查，评估企业内部控制的有效性，还要检查企业内部控制制度是否存在严重缺陷，分析造成此类缺陷的原因，如何加以纠正，并根据分析结果提出具体建议。

第二节　内部控制评价体系与档案

一、内部控制评价体系

为了保证商业活动的连续性，需要健全有效的内部控制体系，但要使企业内部控制体系合理有效，就需要一个完整的评估机制，即企业内部控制体系。内部控制评估是指企业董事会（或类似决策机构）或其授权机构对内部控制机制的设计和运行的有效性进行综合评估的过程。目的是在评价企业内部控制系统可靠性、合理性和有效性的基础上激励企业切实加强和实施内部控制系统，确保内部控制系统的持续有效完善。企业应当评估个人或者整体控制目标的实现情况，如战略目标、管理绩效和绩效目标、财务报告和相关信息的真实完整性目标、资产安全目标、法治和合规目标，按照国家有关法律法规和企业内部控制基本准则的要求，结合企业的实际情况。

（一）评价内部控制的原则

①普遍性原则。对内部控制的评估应包括制定和运行内部控制机制，涵盖与企业及其单位有关的各种业务和问题。

②重要原则。对内部控制的评估应以对高风险关键领域的全面评估为基础。

③独立原则。对内部控制机制的评价应脱离内部控制机制的设计和运作。

④风险导向原则。内部控制评估应以风险评估为基础，并根据风险发生的可能性和对企业个别或整体控制目标的影响程度，确定需要评估的主要单元、主要活动领域或过程。

⑤一致性原则。对内部控制的评价应以协调一致和可比较的评价方法和标准为基础，以确保评价结果的可比性。

⑥公正原则。对内部控制的评估必须以事实为基础，并有充分的证据支持。

⑦成本效益原则。对内部控制的评估必须具有科学的成本效益。

（二）内部控制评估的内容

企业内部控制基本规范通过后，制定了统一的内部控制评价标准，企业要对内部环境、风险评估、控制活动、信息通信、内部监督等内部控制要素进行全面、系统、针对性地评价。

1.五个内部控制要素的评价

①内部环境评估。具体评价着重于业务活动的复杂性、管理权力的集中、管理行为守则的完整性和有效性、管理层超越既定控制水平的方法、组织文化的内容以及成员对其的理解和认可，公司治理结构的完整性和有效性、各级组织的知识和技能、组织结构的合法性和责任分配；关键职位员工的责任和

能力程度、员工招聘程序和培训制度、员工绩效考核和激励机制等。

②风险评估。在评估企业风险评估时，应考虑制定共同的风险评估目标、制定业务层面的目标、风险分析和变更管理。具体的评估重点是评估企业的风险承受能力，以及风险管理的具体方法和效果。

③评价监测活动。在评估控制活动时，应考虑到企业每个业务部门是否有适当的政策和程序，以及所确定的所有控制活动是否得到适当执行。

④评估信息和通信。具体评价的主要内容：取得财务资料、非财务资料、资料处理的及时性和适当性、资料传送渠道的可及性和管理资料系统的可靠性。

⑤内部监督评价。内部监督评价包括对日常监督的评价、对监督的专门评价和对缺陷报告的评价。

2. 评价内部控制的有效性

除了评价内部控制评价的五个要素外，还全面评价内部控制的结构和运作。内部控制的设计效率是指实现控制目标所需的内部控制要素的存在和适当设计；内部控制的有效性意味着现有的内部控制机制已经按照既定程序得到了适当地实施。

（三）内部控制评估程序

企业内部控制评估可以分三个阶段进行：制定评估方案、进行评估和编写评估报告。

①制定评价方案。评价方案应明确规定评价的目标、范围、准则、时限和适当的资源分配。一旦制定，就要提交管理层和董事会批准。在确定内部控制评估的范围时，应遵循自下而上的风险管理原则，确定需要评估的实体、主要业务单元、优先领域或进程。

②评价活动的执行情况。评价人员必须按照核定和核准的评价方案进行评价。在进行评估时，必须作出正式安排，在评估人员之间以及评估人员与被评估机构之间建立联系，收集有关评估目标、范围和准则的资料，并根据评估方案核实和记录评估结果。

③编写评价报告。评价人员对所发现的所有问题进行一致地审查和确认，总结检查和评价结果，根据评价结果编制评价报告，并向有关工作人员和

机构提出报告。

（四）评价内部控制的方法

1. 面谈访问法

这意味着企业按照检查结果评价的要求，分别约谈被检查单位的人员获取相关信息。在与有关人士谈话时，可查阅内部管制制度，并就可疑账目或不寻常情况向他们查询。具体应用程序如下。

（1）面试计划

正确捕捉信息，及时收集相关数据. 在面试中收集信息的主要形式是"倾听"。"倾听"可以分为不同层次：在关系层面，对话者应该"仔细倾听"，而不是"敷衍或被动地倾听"；在情感层面，对话者必须"倾听自己"和"倾听对方"，以避免"情绪"倾听；在认知层面上，要始终将被调查者的话语或信息快速融入其认知结构中去理解和同化，必要时与对方进行对话，在平等的基础上相互沟通，共同创造新的理解和意义。

对话者不仅要提出问题和倾听，而且要及时向对方传达自己的观点、意图和想法。反应可能不同，比如"是""好"，或者点头、微笑等，也可能是重复、重组和概括。

2. 调查表

这是一个企业问卷调查，不同级别的员工根据调查结果对相关项目进行评估。

通过问卷调查，重点是对调查要考虑的问题作出规定，以及对调查要研究的控制系统和控制点进行内部控制问卷调查。具体而言，问题结构的适当性直接关系到检查和评估的质量。总的来说内部控制问题单应包括以下主要内容和步骤：

①调查项目。考虑到审计计划的要求和以往的工作经验，审计员可以就不同的要素分别编制调查表，将被审计单位的总体控制系统分解为具体的控制系统，如现金、银行存款、物资采购、费用、产品销售和发票处理控制系统。

②调查的内容。这项调查的内容主要由调查决定. 调查中提出的问题应与控制系统中的不同控制点和关键控制点及控制措施紧密联系。

③设计阶段。与调查有关的问题可分为三个阶段：在被审计单位的内部

控制框架内确定调查目标；根据调查目的，确定进行调查的检查点和控制措施；根据检查点和控制措施确定调查的目标问题。

④问卷的形式。调查表的格式一般是封闭式和开放式的，审计员可根据其需要选择和设计。其内容包括调查队、调查项目、调查时间、调查事项、问题的答复以及答复者和审计员。企业可以根据情况设置内部控制要素或基本业务周期。

3. 举行专题讨论会的权利

这是一种通过让参与这些流程的管理人员参与来讨论和评估与业务流程相关的特定项目或特定问题的方法。

4. 验证和再应用

端到端测试方法是指一种评估方法，通过提取整个文档来了解整个业务流程的进度。"重新实施法"是指通过重新实施某项控制活动的整个过程来评估控制实施情况的方法。

检查通行证并不是评价内部控制报告草稿的灵丹妙药，其应用受到一定条件的制约。

（1）为确保直通式搬迁测试的成本效益，在下列情况下进行测试：

①当知道新系统已开始运作，或某单位已进行首次审核时；

②在履行复核合约时，如审计人知悉现行制度的任何重要部分已作出更改，可决定对该制度的某部分的更改进行跨部门复核；

③审计员认为内部控制制度发生了变化，或出于其他原因，审计员正在等待确认是否存在这种制度。

（2）在3宗个案中，通道测试的成本效益往往不理想，无须进行。

①在进行覆检时，知道内部控制制度并无重大改变；

②在对现行内部控制制度中可能需要修改的部分进行首次审计或重新审计时，审计不准备依赖内部控制制度；

③具体的操作类型并不重要。

5. 抽样法

企业根据具体的内部控制过程，根据其发生的频率和固有风险的程度，从总体样本中提取一定比例的样本，然后评估控制操作的有效性，从而评估操作的正确性。

在进行合规性审查时，审计员必须估计总的错误率（内部控制失败率），而不是总的错误数（经济交易中的错误数）。因此，符合性测试可能有助于通过根据特征抽样公式计算的样本数量抽查，确定被检查单位内部控制措施的执行程度。根据可靠性检查结果，再加上以往审计工作所编制的草稿或预计会抽查的样本，审计员可以更准确地估计预测的误差率和可靠性，并将其他已知因素调整为计算样本数量的公式，被选中进行合规性测试。

6. 比较分析。评估数据是根据数据、趋势或系数的分析、比较提出的。一般的计算和比较方法包括以下几类：

①绝对数额的比较。例如，与本期有关的金额（如账户余额）和预期金额只是比较。

②一般比较分析，又称垂直分析。这即是说，财务报表的每一项内容，都是按有关资产总额的百分比（例如现金占资产总额的百分比，毛利润占销售收入的百分比）计算，然后才与预期数字比较。

③比率分析。这是注册会计师和财务分析师常用的分析方法。根据该方法，应在与预期的比率比较前计算系数。个别计算的比率可以分类（例如，在支付能力、效率和盈利能力方面）。

④趋势分析。趋势分析是指比较两个以上会计期间（绝对、一般或相对）的具体数据，以确定与当前和上一个会计期间相比难以发现的重大变化。

7. 标记方法

这是指通过与组织内外同一或类似活动的最佳做法进行比较，评估监测机制的有效性的方法。标记法是对企业活动中不同条件和环节与行业内外竞争对手或一流企业进行比较分析的过程，是对其企业进行评估和研究其他组织的工具、方法，使外部企业的长期绩效指标成为企业发展的内在目标，并在与企业的业务关系中引入对外关系的最佳实践。采用这些标准的公司必须不断评估产品、服务、业绩等。

8. 现场检查

这意味着企业对财产进行清点和清点，并对其发放、储存等控制进行现场检查。

（五）查明内部控制方面的缺陷

1. 内部控制缺陷分类

内部控制制度的缺陷，是指内部控制结构的缺陷，不能有效防止错误和滥用，或者是内部控制机制运行中不能及时发现和纠正的缺陷和缺陷。内部控制的缺陷包括设计和操作方面的缺陷：

①结构缺陷。结构缺陷是指没有达到控制目的所需的控制，或者现有控制机制设计不当，不能保证正常运行。

②操作缺陷。操作缺陷是指现有设计良好的控制机制没有按照预定计划运行，或者执行者缺乏有效实施控制所需的权力或技能。

2. 确定内部控制缺陷的标准

对内部控制评价中发现的问题，要从定性和定量两个方面进行评价，看其是内部控制的缺陷，是一般性的、实质性的还是严重的。

3. 内部控制缺陷的补救机制

企业内部控制机制评价发现内部控制制度存在缺陷，应当建立机制纠正内部控制制度的缺陷，明确各级内部管理和整改单位的职责，确保内部控制机制设计运行中存在的重大问题和风险得到及时解决和有效控制。

（七）内部控制评估报告

企业应当根据内部控制评估结果和结构调整情况，编写内部控制评估报告。内部控制评估报告至少应包括以下内容：本组织内部控制评估的总体状况；内部控制责任主体声明；内部控制评估的范围和内容；评价内部控制的标准和框架；评价内部控制的程序和方法；内部控制方面的重大缺陷和发现的缺陷；内部控制制度严重缺陷的纠正措施和责任追究结论；内部控制的有效性。如果内部控制存在一个或多个严重缺陷，则应得出内部控制不力的结论。

二、内部控制档案

在企业内部控制机制的制定和实施过程中，始终伴随着与内部控制相关的相关记录、记录或信息，也是内部控制的重要方面，有效的会计制度是确保企业有效运作的有效手段。《企业内部控制基本规范》第四十七条规定，企业应当以书面或者其他适当形式妥善保存有关建立和实施内部控制机制的文件或者信息，以确保建立和实施内部控制机制。与建立和实施内部控制有关的文件包括：与内部控制制度有关的基本文件、与风险评估有关的基本文件、与控制活动有关的基本文件、与信息和通信有关的基本文件以及与监督检查有关的基本文件。

（一）有关内部条件的主要文件

与内部控制有关的主要文件包括：公司战略规划、公司文化建设规划、投资及相关许可计划、批准的合同文件及批准的材料、重要会议纪要、员工离职记录，员工职务变动报告、公司财务报告、财务分析、会计手册、内部审计报告、董事会和审计委员会成员简历、员工培训、违规行为、相关材料、规范的绩效考核，管理人员的绩效报告、管理人员的绩效报告、公司的人事政策、投诉报告、投诉程序等。

（二）有关风险评估的主要文件

与风险评估相关的主要文件有：风险评估过程、风险评估过程报告、风险评估报告、风险图等。

（三）与核查活动有关的主要文件

与控制活动有关的主要文件包括：财务分析报告、财务报告过程、销售和收款控制文件、采购和付款控制文件、生产过程管理文件、固定资产管理文件，货物现金控制文件、业务流程控制文件、外部支持文件、投资管理业务流程文件管理，开发工作流程管理业务流程、人事管理业务流程工作流程管理等。

（四）有关新闻传播的主要文件

与信息和通信有关的主要文件有客户调查、业绩评估、文件、职务说明等。

（五）主要文件的监督检查

与监察检查有关的主要文件包括：索取款项信件、资产清查报告、审计计划、项目审计计划、年度内部审计摘要、审计报告、审计意见、更正资料、文件、自我评估的内部控制机制，如调查报告、审计结果、分析报告、改进报告和内部控制审计报告；工作草稿和相关信息。

第三节 企业多级性控制系统及价值链管控

一、现代企业多级性控制系统

现代企业通过多阶段代表性的客观存在，有效的内部控制实质上是完善公司治理结构的过程。公司治理结构是现代企业的制度结构，它决定了企业具有重大利益的几个群体之间的关系：投资者、管理者、雇员、并确保内部控制机制的有效建立和应用，以实现公司目标。以下是改进公司治理和建立多级控制体系的措施。

（一）控制的配置和实施

企业内部有效的内部控制首先需要保证公司内部控制的相互平衡和相互监督。其中，股东大会作为资产受托人，将其财产转让给董事会，并委托其监督。作为代理人，董事会还将公司财产委托给董事。董事会是最高机构、管理机构、执行决策机构、管理机构、监事会。因此，公司治理结构是一个多阶段、问责、平衡、协调的制度，规范了企业各方权益关系。公司治理的目的并不是要平衡不同的利益相关者，而是要让企业作出科学的决策并采取适当的行动，为此采用制衡制度。

1. 股东大会的权力

确保企业股东大会的有效控制和监督是当前解决企业现代代理问题的关键。应避免股东大会正规化的倾向，运用其对"蓝会"的监督权。股东大会的基本职权是：通过或者否决董事会的重要决定。如何行使股东大会的权力，使其真正成为一个能够履行代表广大股东利益的职责的机构，除法律、合理的股权结构等外部限制外，以及董事会选举的程序和方法是有效保障股东权利的关键要素。

2. 加强董事会的作用

董事会对公司的管理负有主要责任，公司是公司内部控制的核心环节，企业内部控制的存在性和有效性取决于其作用。许多公司在董事会中设立审计委员会，证明董事会的作用得到了加强，证明了董事会对会计控制的重视，有助于确保董事的财务监督。建立一个独立的制度也是加强安理会作用和改善其组成的步骤。

3. 厘清管理人的权力

管理人员的权力包括业务决策权、组织建设权、工作人员的任免权，并根据工作人员的决策能力、管理水平和相关权力，确保对组织的绩效进行有效的监督。具体实施控制可以根据企业的实际情况使工作流程标准化、制度化，最大限度地规范员工行为，确保内部控制目标的实现。在强调管理者的权力时，必须注意管理者的素质要求和控制权，这是确保管理者运用权力、防止滥用权力的关键。

（二）改进监测和评价机制

对内部控制系统各级工作人员的业绩进行评价和有效监督是各级控制工作的一个重要内容。评估制度与监察的目标和内容有关，例如销售经理的评估，除销售数量外，亦须考虑应收账款的收回程度、任期、顾客的满意程度等。例如，现代企业越来越重视风险控制，必须采用考虑风险因素的绩效评价指标，以限制管理者的过度投机行为。

（三）制定限制和奖励办法

1. 合理的权力下放控制

在实践中，内部控制是员工在经营过程中的行为规范，是对遵守人的行为要求的控制。这种管理应处理与授权有关的问题，通过授权在企业内建立有效的内部控制体系，确保内部控制体系的实施。授权是与任务和职责相一致的适当授权，也是职能之间平衡的、强制性的权力分配。

2. 严格责任制和奖惩制度

问责制度是实施企业内部控制制度的根本保证，奖惩规定是对问责制度的补充。

3. 有效的激励机制

通过制定工资、奖金、福利、股票期权等货币激励措施，以及荣誉、旅游、代理等非货币激励机制，除完成代理合同的主要任务外，还表现出创新精神，促进了公司业绩的快速增长。有效的激励应建立在合理评估的基础上，这实际上是对代理人的"软控制"，通过激励促进企业内部控制机制的自觉性和自愿性。

（四）加强内部和外部审计

现代企业各级代理活动的控制是实现有效内部控制的重要机制。监事会对董事会的权力进行监督，是确保业主履行委托给它的职责的机制。此外，公司的内部和外部审计是监督各级代理人活动的最有效机制。内部审计可以通过帮助管理层控制其他控制政策和程序的有效性来加强企业内部的控制。为了加强审计人员的监督作用，必须提高他们的地位。同时，审计的核心职能应该从发现缺陷转向分析、评估和提出公司管理建议。

鉴于20世纪90年代我国政府有关部门开始建立内部控制机制，内部控制体系起步较晚，内部控制规范体系不完备。在长期计划经济的影响下，我国企业普遍缺乏有效的现代公司治理机制，而在普遍存在的"人的内部控制"现象下，有效的内部控制实质上是完善公司治理结构的手段。基于公司治理结构的多级内部控制体系的建立对保护所有者利益至关重要。建立多级内部控制体系包括四个要素：一是如何分配和实施控制；二是改进监测和评价机制；三是建立约束和激励机制；四是加强内部和外部审计。

二、企业价值链管理和控制

（一）价值链管理理论

1. 价值管理与价值

（1）价值

在经济意义上，价值是有效的，也就是说。根据马克思的价值论，价值是一个人的劳动，它在商品中凝结而不加区别。例如，引入"资本"一词可被视为创造和增加资金价值，这反映了被物体外壳所掩盖的人与人之间的关系。

企业作为经营主体，有其重要意义。企业价值的概念有两个层次：一是企业的总价值。企业总价值是企业未来收入的资本化，即企业未来收入的资本化。由企业长期增值活动或企业长期增值活动的长期结果决定的企业总价值通过企业增值活动增加的现值。企业在这个层次上的价值是一个长期的、动态的概念。二是具有特殊价值的企业活动。企业的具体经营活动是一个静态概念，即企业的每一项具体经济活动都有一定的价值，扣除各种成本后，最终构成企业的增值。此外，它还表现为企业的外部价值，即企业的外部价值。另一个是企业固有的价值，也就是说，企业的价值是企业固有的功能价值。如技术和生产特殊产品的能力。

（2）价值管理

价值管理是指企业通过运用价值理论、综合管理方法，在战略、管理和业务层面重组流程和实施价值提升措施，力求实现价值最大化，代表价值管理的战略理念。这样的观点和思想在不同的企业中有着不同的内涵。

2. 价值链管理理论

供应链管理理论是作为确定企业竞争优势、寻找竞争途径增强企业能力的主要工具。此外，每一个企业都是产品设计、生产、营销和支持服务的核心活动的综合体，它们是一个相互关联的供应链，可以利用供应链进行综合论证。企业供应链管理理论具有以下特点：

首先，供应链管理是基于价值观的。价值是企业一切活动的基础，企业追求的不仅是最高的毛收入和最低的总价值，而且是利润的最大化。供应链管理是对企业进行基于价值的综合管理。

其次，价值链由不同的活动组成。有价值的活动是具有明确界定的物理和技术界限的活动。从商业活动排序的角度来看，以价值计算的活动既包括核心活动，也包括辅助活动。主要活动包括五个方面，即内部后勤、生产操作、外部后勤、营销和服务；支助活动包括四个方面：采购、技术发展、人力资源管理和公司基础设施。它们相互依存，形成价值链。

再次，不同的企业或同一企业在不同时期有不同的供应链。虽然在同一行业中，不同企业的供应链不同，反映出其历史、战略和战略方针的不同，也反映出企业竞争优势的潜在来源。企业的效率或竞争优势来源于生产活动的有效结合，"供应链"的优化，以及企业不同于或优于其他生产者的特点，而它在竞争中的成功，也是由理性的"供应链综合体"决定的。同一家公司在不同的发展时期表现出不同的价值链效率。这一方面表明企业供应链的动态发展，另一方面也表明企业的竞争优势也会发生变化。

最后，利用供应链管理可以提高企业的竞争优势，最大限度地提高企业的价值。供应链不仅表现为一个企业内各种价值活动的有机组成部分，而且表现为与其他供货商和购买者的内部经济关系。供货商和买方价值活动的内容和形式直接或间接影响着企业价值活动的内容和形式。加强企业与供应商、买方等外部利益相关者之间的联系与协调，属于供应链管理的范畴，必将提高企业的竞争优势。

总的来说，供应链管理是对企业内部价值活动及其与外部利益相关者的关系进行综合分析，以加强企业的竞争优势。

（二）价值链的管理和控制

1.业务流程重组

①改变秩序。改变顺序是改变过程的组织顺序，以缩短运行时间或占用库存，提高客户响应速度，降低资金周转率，实现最大价值；

②消除一体化。消除整合就是在公司现有流程中找出不必要或没有战略意义的环节，然后消除不必要的环节，将冗长烦琐的环节合并为一个或多个流程节点，及时利用信息技术进行支持。

③自动化。自动化意味着通过信息技术自动读取、传输、处理过程的一部分，大大提高了工作效率。采用资讯科技可大大加快系统的应变速度，缩短工作时间，节省人力资源，最终达至最佳成本。信息和通信技术用于业务流程的恢复，特别是在数据交换系统、卫星通信、视频通信、电子商务等领域。

2.组织复兴与文化变革

重组过程往往伴随着企业组织结构和文化的改变和适应。组织结构的变化包括设立跨部门小组、设立进程管理专员、设立特别管理人等。这些小组或职位的设立反映了横向管理的概念，其目的是将多个专业人员协同执行的业务合并，以便更有效地完成某些工作流程。

文化是企业的价值，其员工的行为是价值的象征。要使过程成功，就必须形成新的企业文化，改变传统组织的地方定位，坚持以客户需求为导向。

3.业务外包

业务外包是对企业战略环节的重新定位，即缩小业务领域，将企业资源集中到最能体现企业比较优势的领域，形成其核心竞争优势。

4. 供应链集成

供应链整合是将具有竞争优势的资源整合到其组织结构和供应链中，将供应商、零售商甚至消费者聚集在一起，使企业创造和保持竞争优势的能力。降低成本是吸引企业外包的重要动力，可以节省管理人员管理各类活动的时间，降低人力资源成本，免除高级管理人员更多关注核心活动的需要。同时，对供应链关键环节的集中，使企业能够在独特的技能和知识基础上充分发展竞争力，从而获得持续的竞争优势。

在供应链中，通过相关业务流程和供应链的相互作用，供应链相关企业之间的协调成本可以大大降低；战略协同能有效降低共同价值链系统折中解决方案的成本；供应链相关企业之间过于分散，避免了供应链系统建设带来的硬成本。

5. 供应商互动

企业与供应商紧密合作，建立一个供应链系统，可以缩短产品开发周期，降低开发成本，改善生产过程。

（1）从预先确定的来源共同开发产品

供应商是在设计阶段挑选出来的，在设计零部件或工程系统方面有明确的职责。预选供应商不仅要参与零件的设计，而且要在新样品发布后参与零件的组装和交付。

（2）建立新的供应商选择和定价机制

提前确定来源不仅需要考虑价格因素，还需要考虑其他因素，以及选择能够与企业密切合作共同管理供应链的最佳供应商。主要因素将是供应商产品的质量、交货的及时性、管理水平等。市场或最终用户可接受的价格可在选择供应商并与供应商协商后确定，机组价格可按相反顺序确定。这将有助于在供应商的参与下进行更广泛的有针对性的成本管理。

（3）与供应商协商并及时评估供应商的行为

每个供应商提出的建议数目、其效用程度，以及在质素、价格、及时性、管理水平及互通能力等方面的成效，均列为一项重要的评审准则。为供应商设定成本节约目标也将成为评价供应商的重要依据。这将加强企业和供应商之间的战略互动，降低妥协成本。

（4）建立信任和协同作用，优化供应链

基于企业与供应商之间的相互信任，企业可以采用以下方法控制成本：以更优惠的价格与供应商协商；与供应商合作降低成本；通过供应商从上到下的合并控制所采购商品的价值；合作研发更便宜的替代品；改变货物的运送或转移方式，节省物流成本；协助供应商重建供应链，使其节省生产成本，从而降低企业的采购成本；最经济的通信方式，实现了两家企业供应链的合理对接；协调更合理的交货时间、交货量和交货频率.

6. 经销商合作

生产企业与分销商之间的互动应建立在以下几个方面：

①了解最终消费者的购买力；

②分析经销商的盈利能力和盈利能力；

③评估买方价值链及其与企业价值链的关系的合理性；

④作为策略性的改善措施，可协助分销商改善其供应链，节省经营成本，以及减低最终消费者的收购成本；从保护终端消费者利益的角度，促进经销商调整利润水平；最经济的供应链对接方式；考虑更换分销商，以确定最低分销成本；供应链合并和分销商合并，以加强企业的成本竞争优势。

7. 消费者联盟

可采用以下模式利用消费者联盟控制成本。

（1）定制——提出最适当的解决办法

企业要对客户信息了如指掌，对服务人员进行良好的培训，运用现代信息技术节约时间和人员，与客户一起精心确定适合其个人情况的解决方案。根据定制模型，往往过于注重满足客户需求，而不是有效的库存控制，这就需要建立一个虚拟库存系统来控制库存成本。通过虚拟数据存储系统，可以实现物流和信息流的时间分割。大多数顾客只对货物及时交货感兴趣，所以货物从哪里来并不重要。企业购买者联盟建立虚拟库存系统可以非常方便地访问配送企业附近的库存系统，扩大购买者的选择范围，从而节省库存成本。

（2）指导——引导客户走向成功

采用指导模式的企业发挥教育者和培训者的作用，通过改变客户的行为来实现有效的成本控制：它们成为最具权威性的参与者；培训习惯于区域采购的买家，使他们能够参与一般采购；鼓励从订单填写机制向电子订单机制转变；从最初的采购系统到立即交货系统的买方准备。这些方法大大降低了客户填料管理、库存维护等工作的成本。

（3）伙伴关系——创新和一体化

企业与客户共同解决问题，分享利润，相互依存。一方面，可以采用联合设计的形式，企业和客户根据各自的能力范围，共同开发新的产品、服务和技术。协同设计使企业大大降低产品开发设计成本；另一方面，可以使用集成流程，通过与客户集成某些业务流程、重新设计工作模型和商业机制来降低成本。

8.竞合策略

企业之间的竞争一方面意味着企业之间的竞争，另一方面也意味着合作，这种合作可以旨在共同对抗一个更强大的竞争对手，或者是两个竞争对手之间的合作，以避免因过度竞争而对彼此造成损害。由于企业资源的异质性和主要竞争优势，复制这些资源面临诸多障碍。企业必须采取竞争性和合作性两种方式，扩大和保持核心竞争力，共享不同企业的非传统资源可以降低广告费（通用商标）、营销费（通用销售渠道）、服务费（一般服务网络）等成本。

参考文献

[1]李心合.企业内部控制基本规范导读[M].大连:大连出版社,2008.

[2]中华会计网校.新企业内部控制规范及相关制度应用指南[M].北京:人民出版社,2008.

[3]徐玉德.企业内部控制设计与实务[M].北京:经济科学出版社,2009.

[4]程新生.企业内部控制[M].北京:高等教育出版社,2008.

[5]罗勇.企业内部控制规范解读及案例精析[M].上海:立信会计出版社,2009.

[6]《企业内部控制基本规范讲解》编写组.企业内部控制基本规范讲解[M].北京:中国市场出版社,2008.

[7]《内部会计控制规范方法与实务》编写组.内部会计控制规范方法与实务[M].北京:中国市场出版社,2006.

[8]张国康,黄金曦,罗彬.内部控制制度[M].上海:立信会计出版社,2002.

[9]赵保卿.内部控制设计与运行[M].北京:经济科学出版社,2005.

[10]季晓南.产业结构、公司治理与企业绩效的关系研究[D].北京:北京交通大学,2010.

[11]杨丽娟.基于信息系统的内部控制研究[D].北京:北京交通大学,2007

[12]许源.大型企业内部控制设计研究[D].太原:太原理工大学,2006

[13] 赵保卿.基于价值链管理的内部控制及目标定位[J].北京工商大学学报(社会科学版),2005(3):42-46.

[14]罗道永.浅析现代企业多级内部控制系统的建立[J].财政监督,2005(4):54-55.

[15]贾丽丽.内部控制体系与供电企业财务管理问题研究[J].中国国际财经(中英文),2017(7):93-94.

［16］肖显新. 基于内部控制视角的财务风险管控［J］. 中外企业家, 2017（5）: 49-51.

［17］张蕾蕾. 航天企业财务内部控制体系的构建［J］. 中国国际财经（中英 文）, 2017（3）: 187-188.

［18］丘佳俭. 关于高校财务管理内部控制体系的构建［J］. 新经济, 2016（32）: 91-92.

［19］杨茂东. 基于内部控制的企业财务风险管理研究［J］. 财经界（学术 版）, 2016（20）: 217.

［20］陈淑宏. 商贸企业财务内部控制评价体系构建探讨［J］. 现代经济信息, 2016（18）: 178-180.

［21］田宇燕. 企业内部控制评价体系的构建与基本建议分析［J］. 财经界（学术 版）, 2016（17）: 63.

［22］潘芳芳. 基本建设投资财务内控管理探究［J］. 当代会计, 2016（8）: 48-49.

［23］黄立依. 新时期县级国企财务管理与内部控制体系的构建［J］. 全国商情, 2016（22）: 15-16.

［24］苗雨君, 朱丹. 企业财务风险内部控制研究［J］. 中国乡镇企业会计, 2016（7）: 226-228.

［25］覃信海. 浅议企业财务管理中责任会计的应用［J］. 时代经贸, 2016（15）: 26-27.

［26］张勃. 企业财务内部控制体系构建的策略［J］. 中国商论, 2016（11）: 45-47.

［27］王素霞. 企业财务管理标准化体系构建［J］. 财会通讯, 2016（5）: 63-64.

［28］郑莉桦. 企业财务内控管理体系的构建策略分析［J］. 商业会计, 2016（4）: 107-108.

［29］路文华. 浅析企业财务内控管理体系的构建路径［J］. 财经界（学术版）, 2016（3）: 226.